Liebe Drittklässlerin, lieber Drittklässler,

kennst du mich schon? Ich bin Ferdi Fliegenpilz und freue mich, dass ich dich bei der Vorbereitung auf Tests im Sachunterricht unterstützen kann. Wie das Lernen mit diesem Heft geht? Pass auf, ich erkläre es dir!

Wahl | Wald | Feuer | Orientierung | Auge | Elektrizität | Medien | Mittelalter | 1. Hilfe

Zu jedem Thema in den Kreisen gibt es einen **Informationsteil** und einen **Testteil**.

Der **Infoteil** fasst die **wichtigsten Inhalte eines Themas** zusammen. Hier gebe ich dir auch immer wieder **Lerntipps**, die dir beim Üben helfen. Im Anschluss folgen ein oder zwei **Tests**. **Überprüfe** dich selbst: Hast du wirklich alles verstanden? Kannst du es mit deinen eigenen Worten beschreiben und auf neue Situationen übertragen?

Mit dem **herausnehmbaren Lösungsteil** nach Seite 28 kannst du alle deine Antworten kontrollieren und verbessern. Außerdem habe ich mir **Quizfragen** (zum Ausschneiden in der Mitte des Heftes) für dich ausgedacht – das macht Spaß!

Viel Freude und Erfolg beim Lernen wünscht dir

Ferdi Fliegenpilz

Liebe Eltern,

in diesem Heft sind die **gängigsten Themen des Sachunterrichts** der 3. Klasse aufgeführt. Jede Lehrkraft legt aber andere **Schwerpunkte**, sodass die schulischen Unterlagen immer die Grundlage für die Vorbereitung sein sollten. Die **Infoseiten** bieten eine **übersichtliche Zusammenfassung** zu jedem Thema, dazu **passend** sind die nachfolgenden **Tests** erstellt. Kann Ihr Kind einzelne Fragen noch nicht beantworten, dann wissen Sie, welche Bereiche beim Lernen noch genauer unter die Lupe genommen werden können. Die **Auswertung eines Tests** sollte immer mit Hilfe eines Erwachsenen und des **Lösungsteils** erfolgen.

Falls Themen nicht in der Schule besprochen wurden, können die Kapitel als **Lesetests** verwendet werden. Die meisten Antworten finden die Kinder im jeweils einleitenden Wissensteil. Sachinformationen aus Texten und Grafiken entnehmen ist eine wichtige Kompetenz der 3. Klasse.

Und nicht vergessen: Mit viel Lob und guter Laune lernt es sich viel leichter!

Herzliche Grüße

Andrea Guckel

Die Klassensprecherwahl – Demokratie in der Schule

Aufgaben der Klassensprecher

- Streit schlichten
- Mitschülern selbst bei Problemen helfen oder eine Lehrkraft darüber informieren
- die Meinung der Klasse weitergeben/vertreten
- die Klasse bei verschiedenen Anlässen vertreten (Wenn nicht alle Kinder der Klasse zum Beispiel bei einer Versammlung oder einem Fest sein können, dann ist der Klassensprecher stellvertretend für seine Klasse dort.)

Eigenschaften von Klassensprechern

hilfsbereit	höflich	kameradschaftlich	vorbildlich
gerecht	ehrlich	zuverlässig	verständnisvoll
mutig	Er/Sie muss gut zuhören können.		aufgeschlossen

Ablauf der Klassensprecherwahl

- **Kandidaten** (= Kinder, die Klassensprecher werden wollen) lassen sich zur Wahl aufstellen.
- Der **Wahlleiter/Wahlhelfer** notiert die Namen der Kandidaten an der Tafel. Es entsteht eine **Kandidatenliste**.
- Der **Wähler** (= jedes Kind der Klasse) schreibt auf seinen **Stimmzettel** zwei Namen von Kandidaten, die er als Klassensprecher haben möchte.
- Alle Stimmzettel werden gefaltet und in eine **Wahlurne** gesteckt.
- Die **Stimmen** werden durch den Wahlleiter/Wahlhelfer **ausgezählt** und die Anzahl der Stimmen pro Kandidat an der Tafel festgehalten.
- Das **Wahlergebnis** wird verkündet.
- Die gewählten Klassensprecher werden gefragt, ob sie ihr **Amt annehmen** wollen.

Wahlprinzipien einer demokratischen Wahl (Klassensprecherwahl)

geheim	Keiner sieht, für welchen Kandidaten sich ein Wähler entscheidet.
allgemein	Jedes Kind einer Klasse darf wählen und gewählt werden.
unmittelbar/ direkt	Die Kinder einer Klasse wählen ihre Klassensprecher selbst und beauftragen nicht andere Personen.
frei	Jedes Kind entscheidet für sich, ob oder wen es wählen möchte. Kein anderer bestimmt darüber.
gleich	Jedes Kind hat gleich viele Stimmen, die auch gleich viel zählen.

Merke dir: Die Wahl ist ein **G**eheim**AUF**tra**G**!

Die Klassensprecherwahl

1 Verbinde die Bilder mit den passenden Fachbegriffen.

Stimmzettel | Kandidatenliste | Wahlhelferin | Wahlurne   ☐ /2

2 Auch ein Bürgermeister wird gewählt. Wer sind bei dieser Wahl die Kandidaten? Kreuze an, wer mit diesem Wort gemeint ist.

- ◯ Alle Personen, die einen Bürgermeister wählen.
- ◯ Alle Personen, die Bürgermeister werden wollen und sich zur Wahl aufstellen lassen.

☐ /1

3 Wie läuft eine Klassensprecherwahl ab? Nummeriere die Sätze in der richtigen Reihenfolge.

- Die Wähler geben ihre Stimme ab.
- Das Wahlergebnis wird verkündet.
- Die Kandidaten melden sich oder werden vorgeschlagen.
- Die gewählten Klassensprecher sagen, ob sie die Wahl annehmen.
- Die Namen der Kandidaten werden an der Tafel notiert.
- Der Wahlhelfer notiert die Anzahl der Stimmen pro Kandidat an der Tafel.

☐ /3

4 Eine Aufgabe des Klassensprechers ist es, im Namen der Klasse zu sprechen oder die Meinung der Klasse zu vertreten. Nenne ein Beispiel.

____

____

____

☐ /1

5 Welche Aufgaben hat ein Klassensprecher noch? Kreuze an.

Er/Sie sollte ...

- ◯ jeden Tag Süßigkeiten für alle Mitschüler mitbringen.
- ◯ der Lehrkraft sagen, wenn es ein Problem in der Klasse gibt, bei dem es Hilfe braucht.
- ◯ dafür sorgen, dass im Unterricht nie mehr ein Kind schwätzt.
- ◯ Kinder ermahnen, die in der Pause zu wild spielen.
- ◯ Mitschülern helfen, einen Streit zu klären.
- ◯ sich vorbildlich verhalten.

☐ /3

6 Ein Klassensprecher sollte mutig sein. Warum? Finde ein Beispiel, das nicht in Aufgabe 5 zu lesen ist.

____

____

____

☐ /1

7 Was passiert, wenn nach Auszählung der Stimmen mehrere Kinder die gleiche, aber auch die meiste Anzahl an Stimmen erreicht haben? Kreuze die richtige Antwort an.

- ◯ Die Wahl ist ungültig und muss wiederholt werden.
- ◯ Es gibt eine Stichwahl zwischen diesen Kandidaten.
- ◯ Die Lehrerin bestimmt, wer Klassensprecher sein darf.

☐ /1

8a Verbinde jedes Merkmal einer demokratischen Wahl mit der passenden Erklärung.

frei	gleich	unmittelbar

Jede Stimme zählt gleich viel.	Die Kinder wählen ihre Klassensprecher selbst.	Jedes Kind entscheidet selbst, ob oder wen es wählt.

☐ /1,5

b Welche zwei weiteren Merkmale muss eine demokratische Wahl noch haben? Nenne sie und beschreibe, was sie bedeuten.

/3

9 Tina möchte Klassensprecherin werden. Darf sie sich bei dieser Wahl selbst wählen? Welches Wahlprinzip von Aufgabe 8a wird hier angewendet? Erkläre.

/2

10 Klassensprecherwahl – richtig oder falsch? Kreuze an.

	richtig	falsch
Klassensprecher müssen gute Noten haben.	○	○
Die Anzahl der Stimmen pro Kandidat bleibt geheim.	○	○
In einer Klasse mit vielen Mädchen haben alle Jungen zwei Stimmen.	○	○
Ein Kandidat darf bei der Wahl auch mitwählen.	○	○
Die Wahl ist ungültig, wenn die Lehrkraft lieber andere Kinder als Klassensprecher hätte. Sie wird dann wiederholt.	○	○
Nur wer sich als Kandidat aufstellen lässt, kann gewählt werden.	○	○
Wenn ich möchte, kann ich meinen Freunden verraten, wen ich als Klassensprecher gewählt habe.	○	○

/3,5

Von 22 Punkten hast du ______ erreicht.

Der Wald – ein wichtiger Lebensraum

Verschiedene Arten von Wäldern: Beispiele

Laubwald

- vorwiegend **Laubbäume**
- **Wurzeln** reichen oft bis **tief in die Erde** zum Grundwasser

Nadelwald

- hauptsächlich **Nadelbäume**
- zum Teil Flachwurzler, daher Gefahr des **Umstürzens**

Mischwald

- **Laub**- und **Nadelbäume** gemischt
- **Wurzeln** der Laubbäume **halten auch Nadelbäume** fest

Auwald

- wächst entlang von **Bächen** und **Flüssen**
- ist zeitweise **überflutet**, Bäume müssen sich **anpassen** können

Bergwald

- je höher der Wald liegt, desto größer ist der Anteil der **Nadelbäume**
- ist kalten **Wintern**, **Stürmen**, starken **Sonnenstrahlen** ausgesetzt

Nutzen des Waldes

Sichtschutz und Lärmschutz	liefert Holz	bietet Arbeitsplätze (Förster, Waldarbeiter ...)
Schutz vor Lawinen und Muren (Schlammlawinen)	reinigt und speichert Wasser, daher auch Schutz vor Hochwasser	stellt Sauerstoff her
Erholungsraum für den Menschen	Lebensraum für Tiere und Pflanzen	liefert Nahrung (Pilze, Beeren, Nüsse ...)

Gefahren für den Wald

- **Sturm**, **Schnee**bruch
- **Trockenheit**
- Umwelt**verschmutzung**
- **Abholzung**
- zu hoher **Tierbestand/Schädlinge** (Wildverbiss, Borkenkäfer ...)

Richtiges Verhalten im Wald

- **leise** sein, nicht schreien
- auf den **Wegen** bleiben
- keine Blumen **pflücken** oder Äste **abbrechen**
- **Hunde** an die Leine
- kein **Lagerfeuer** machen
- **Müll** wieder mitnehmen

Male ein Bild zum Nutzen des Waldes mit Tieren, Waldarbeitern, Holzstapeln, Pilzen und Beeren, Menschen beim Spazierengehen ...

Schichten des Waldes

Name der Schicht	Beispiele für Pflanzen	Aufgabe	Beispiele für Tiere
Baum-schicht 	Buche, Eiche, Tanne, Fichte …		Vögel, Eichhörnchen, Fledermaus
Strauch-schicht 	Haselstrauch, Holunder, Himbeere …	Lebensraum, Schutz und Nahrung für Tiere	Reh, Wildschwein, Eichhörnchen
Kraut-schicht 	Brennnessel, Kräuter, Gräser …		Biene, Fuchs, Hase, Haselmaus
Moos-schicht 	Moose, Flechten, Pilze …	abgestorbene Pflanzenreste → Umwandlung zu Humus (Erde)	Schnecke, Ameise, Käfer, Igel
Wurzel-schicht 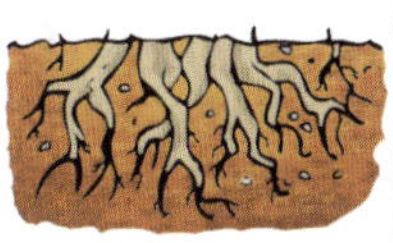	Wurzeln der Waldpflanzen	Verankerung der Pflanzen, Speicherung von Wasser und Nährstoffen	Regenwurm, Assel, Maulwurf, Dachs

Die wichtigsten Teile eines Baumes und ihre Aufgaben

Krone	bietet den Blättern eine **große Fläche**, bekommt **viel Licht**
Blätter/Nadeln	stellen aus Sonnenlicht, Wasser und Kohlendioxid **Sauerstoff** her
Äste/Zweige	**leiten Wasser** und **Nährstoffe**, verbinden Stamm und Blätter
Rinde	**Schutz** vor **Austrocknung**, **Schädlingen** und **Krankheiten**
Stamm	gibt dem Baum **Höhe** und **Licht**, **leitet Wasser** und **Nährstoffe**
Wurzeln	**halten Baum** im Boden, **nehmen Wasser** und **Nährstoffe auf**

Laubbäume

	Eiche	(Rot-)Buche	Linde	Ahorn	Birke	Kastanie
Aussehen						
Blattform	gelappt	eiförmig	herzförmig	gelappt	dreieckig	gefingert
Blattrand	gebuchtet	gewellt	gesägt	gesägt	gesägt	glatt
Frucht	Eicheln	Bucheckern	Nüsschen	„Nasen-zwicker“	geflügelte Nussfrüchte (Kätzchen)	Kastanien

gelappt eiförmig herzförmig dreieckig gefingert

Nadelbäume

	Tanne	Fichte	Lärche	Kiefer
Aussehen				
Nadeln	stumpf, flach, weiße Streifen Unterseite	spitz, wachsen rund um den Zweig	kurz, in Büscheln, fallen im Herbst ab	lang, paarweise
Zapfen	länglich, stehend, fallen in Schuppen ab	länglich, hängend, fallen als Ganzes ab	rundlich, stehend, klein	rund, hängend, klein
Wuchs	eiförmig, Äste stehen gerade ab	pyramidenförmig, herabhängende Zweige	spitze Krone, Äste gerade abstehend	schirmartige Krone, Äste beginnen erst weiter oben

Nahrungsbeziehungen

In einem Wald leben **Pflanzen** und **Tiere** nicht nur nebeneinander, sondern **voneinander**. Pflanzen sind Nahrung für Tiere. Die Tiere „düngen“ durch ihre Ausscheidungen wiederum den Boden, so dass die Pflanzen gut wachsen können.

Pflanzen und Tiere sind Teile der **Nahrungskette**. Diese zeigt uns, **wer wen frisst**.
Oft fressen die **Pflanzenfresser** die Pflanzen und werden dann von den **Fleischfressern/ Allesfressern** gefressen.

Hier ein Beispiel: (Der Pfeil ⟶ bedeutet „wird gefressen von“)

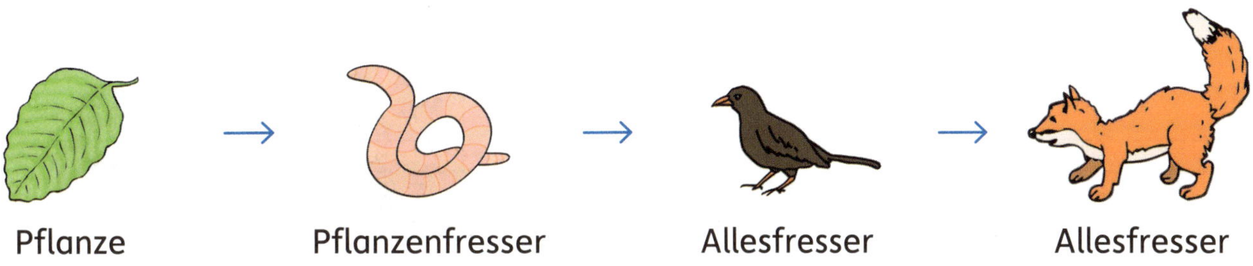

Viele Nahrungsketten ergeben ein **Nahrungsnetz**.

⟶ wird gefressen von
⟷ frisst und wird gefressen von (beide Tiere fressen sich gegenseitig)

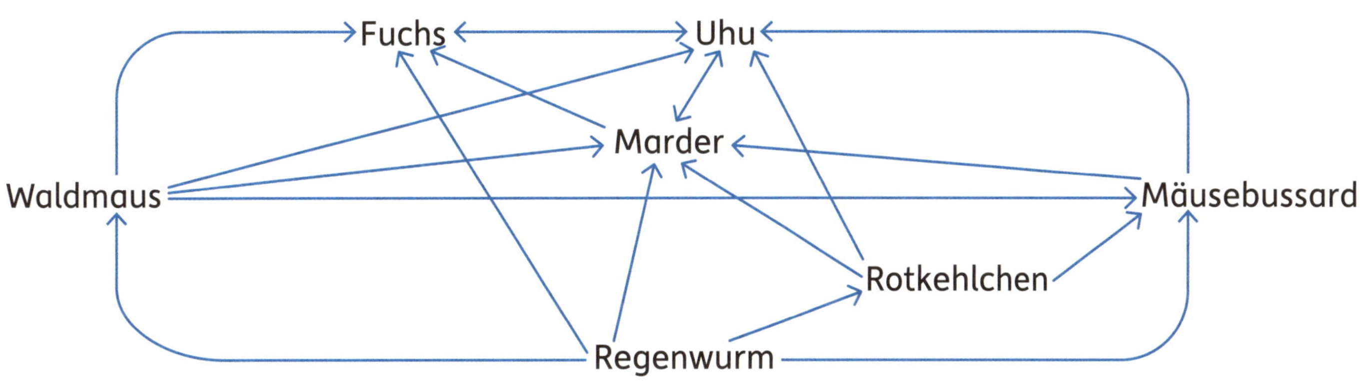

Beispiel: Der Regenwurm wird vom Fuchs gefressen. Der Marder wird vom Uhu gefressen, aber der Marder frisst auch den Uhu.

Das natürliche Gleichgewicht

Ist das **natürliche Gleichgewicht vorhanden**, dann

- finden alle Tiere **genug Nahrung**.
- wird jede Tierart **durch ihre natürlichen Feinde** daran **gehindert**, sich **übermäßig** zu **vermehren**.

Ist das **natürliche Gleichgewicht gestört**, dann gibt es von manchen Pflanzen oder Tieren **zu wenige** oder **zu viele**. Das kann zum Beispiel durch das **Wetter**, **Schadstoffe** oder den **Menschen** geschehen.

Der Wald

1 **Der Wald ist in fünf Schichten aufgebaut. Wie heißen diese Schichten? Schreibe ihre Namen in die Kästchen.**

1 ______________________

2 ______________________

3 ______________________

4 ______________________

5 ______________________

/2,5

2 **In welcher Schicht leben diese Pflanzen und Tiere überwiegend? Ordne ihnen die richtige Schicht mit Hilfe der Zahlen von Aufgabe 1 zu.**

◯ Igel ◯ Himbeerhecke ◯ Brennnessel

◯ Regenwurm ◯ Ameise ◯ Ahorn

/3

3 **Können Tiere ihren Lebensraum in mehreren Schichten haben? Kreuze an und erkläre deine Entscheidung an einem Tier.**

◯ ja ◯ nein

____

____

/1

4 **Der Wald hat viele Aufgaben. Welche ist für dich die wichtigste? Schreibe sie auf und erkläre, warum sie es ist.**

____

____

____

/2

5a **Der Förster sagt: „Zu viele Rehe sind eine Gefahr für meinen Wald!" Erkläre, warum das so ist.**

____

____ /1

b **Nenne drei weitere Gefahren für den Wald.**

____

____ /3

6 **Kreuze die richtigen Aussagen an.**

- ◯ Blätter in der Baumschicht benötigen wenig Licht.
- ◯ Abgeholzte Hänge bieten weniger Schutz vor Lawinen.
- ◯ Ein Bergwald besteht hauptsächlich aus Laubbäumen.
- ◯ Laubbäume stellen Sauerstoff her, Nadelbäume nicht.
- ◯ In einem Mischwald wachsen nur Laubbäume.
- ◯ Der Wald schützt uns vor Lärm und Hochwasser.

/3

7 **Welche Zweige eignen sich nicht für einen Adventskranz wie diesen? Kreuze an und begründe deine Wahl.**

Die Zweige der ◯ Tanne ◯ Lärche ◯ Kiefer ◯ Fichte.

____

____ /1,5

8 **Wie kannst du Tanne und Fichte auseinanderhalten? Beschreibe die Unterschiede der beiden Merkmale in Stichpunkten.**

		Tanne	Fichte
Merkmal	Nadeln		
	Zapfen		

/4

9 **Was ist das Besondere an den Nadeln der Kiefer? Kreuze an.** /1

◯ Sie wachsen in Büscheln. ◯ Sie wachsen paarweise.

10a **Male ein Birkenblatt. Achte dabei auf die typische Blattform und den typischen Blattrand.** /2

b **Wie heißt die Frucht dieses Baumes?** ______ /1

11 **Welche Fachbegriffe beschreiben die Blattränder dieser Laubblätter?**

______ ______ /2

12 **Nenne zwei Verhaltensregeln, die du im Wald beachten solltest. Begründe, warum sie wichtig sind.**

______

______

______ /4

Von 31 Punkten hast du ______ erreicht.

Der Wald

1 Nenne jeweils ein Tier, das in dieser Schicht vorkommt.

Baumschicht	
Strauchschicht	
Krautschicht	
Moosschicht	
Wurzelschicht	

☐ /2,5

2 Die Schichten des Waldes: Streiche in jedem Satz ein falsches Wort durch.

Jede Schicht bietet | gleiche | andere | Lebensbedingungen.

Die Pflanzen der Moosschicht brauchen | viel | wenig | Licht.

Würmer finden in der | Wurzelschicht | Strauchschicht | Nahrung.

Vögel fliegen | nur | nicht nur | in der Baumschicht umher.

☐ /2

3 Neben einem Ort in den Bergen soll ein Hang für eine neue Skipiste gerodet werden. Nenne einen Grund, der für das Abholzen des Waldes spricht und einen Grund, der dagegen spricht.

☐ /2

4 Wann geben Bäume Sauerstoff an die Luft ab? Kreuze an und ergänze.

◯ Tagsüber, ◯ Nachts,

weil

☐ /2

5 **Welche Teile eines Baumes findest du sowohl bei einem Nadelbaum als auch bei einem Laubbaum? Nenne vier Fachbegriffe.**

/2

6 **Welcher Teil des Baumes erledigt diese Aufgabe?**

Herstellen von Sauerstoff →

Aufnahme von Wasser und Nährstoffen →

Schutz vor Schädlingen →

Verbindung von Stamm und Blättern →

/4

7 **Warum wird der Wald manchmal als unsere „grüne Lunge“ bezeichnet? Erkläre.**

/1

8 **Zu welchen Bäumen gehören die Blätter? Schreibe die Namen darüber und verbinde sie dann mit den richtigen Früchten.**

/6

9 **Löse die Rätsel.**

Welcher Baum hat als Früchte „Nüsschen“? ______

Welcher Baum hat eine weiße Rinde? ______

Welcher Baum hat gefingerte Blätter? ______

Wie heißen die Früchte des Ahornbaumes? ______

Wie ist der Blattrand der Eiche? ______ (Fachbegriff!) /2,5

10 **Zeichne eine Nahrungskette mit Pfeilen und drei Tieren. (Die Tiere musst du nicht zeichnen. Schreibe nur die Namen auf.)**

/3

11 **Mina hört ihre Mutter sagen: „Wozu gibt es eigentlich Mücken? Die braucht doch wirklich niemand!“**
Kreuze an, welche Aussagen dazu richtig sind.

- ◯ Das stimmt! Niemand braucht Mücken. Sie sind nur lästig.
- ◯ Mücken sind Teil einer Nahrungskette und wichtige Nahrung für andere Tierarten, zum Beispiel Vögel.
- ◯ Wären Mücken plötzlich weg, dann wäre das natürliche Gleichgewicht gestört.
- ◯ Ohne Mücken würden manche Tiere zu wenig Futter finden.

/2

12 **Eva kommt von einem Waldspaziergang nach Hause und sagt: „Überall auf dem Boden lagen Tannenzapfen.“ Kann das sein? Erkläre genau.**

______

______

______

/2

Von 31 Punkten hast du ______ erreicht.

Das Feuer – Freund oder Feind?

Nutzen des Feuers

Licht	Wärme	Nahrungs-zubereitung	Dekoration	Industrie

Regeln im Umgang mit Feuer

- Feuer nur **unter Aufsicht eines Erwachsenen** entzünden.
- **Niemals** mit **Streichhölzern** oder **Feuerzeugen spielen**.
- **Kerzen ausblasen**, bevor man den Raum verlässt.
- Im **Freien** auf die Wahl der **richtigen Feuerstelle** achten.
- **Löschmittel** (z. B. ein Feuerlöscher oder ein Eimer mit Wasser) sollten in der Nähe bereitstehen.
- **Glasscherben** können wie ein Brennglas wirken und Feuer entfachen. Lass keinen Abfall im Wald liegen!
- In Deutschland ist es Pflicht, **Rauch- oder Feuermelder** in fast jedem Zimmer zu installieren (nicht im Bad, in der Küche oder in Werkräumen).

Verbrennungsdreieck

Um brennbares **Material** zu entzünden, sind **Sauerstoff** und eine **hohe Temperatur** notwendig. Fehlt eine dieser drei Bedingungen, dann kann das Feuer nicht brennen.

Die **Feuerwehr** ist unter der Telefonnummer **112** zu erreichen.
Ihre Aufgaben:

- die Umwelt **schützen**
- Feuer **löschen**
- Dinge **bergen** (in Sicherheit bringen)
- Menschen und Tiere **retten**

Überlege dir für jede Aufgabe der Feuerwehr mindestens ein Beispiel!

Brennbar oder nicht brennbar?

nicht brennbar

Stein
Glas
Eisen (Nagel)
Sand
Wasser

brennbar

Papier (Zeitung)
Pappe
Holz
Wolle
Stroh
Plastik

giftig bei Verbrennung

Gummi
Styropor
Plastik

sehr leicht entzündlich

Spiritus
Öl
Benzin

Es brennt – Was ist zu tun?

- **Hole** einen **Erwachsenen** zu Hilfe.
- Verständige die **Feuerwehr** unter 112 (siehe dazu auch Notruf Seite 52).
- Bringe dich **selbst** in **Sicherheit**.
- Gehe über die **Treppe** in Sicherheit! (Bei Rauch schließen die Aufzugtüren nicht mehr und falls der Strom ausfällt, bleibt der Aufzug stecken.)
- **Warte** an einem sicheren Ort, bis die Feuerwehr eintrifft.

- brennende **Kleidung ausziehen**
- auf dem **Boden wälzen**
- in **Decke** oder **Teppich** einwickeln

- sofort den **Wald verlassen**
- dabei andere Menschen **warnen**/ um Hilfe bitten

- **Fenster** und **Türen schließen**
- **Raum** sofort **verlassen**
- **Feuermelder** betätigen (falls vorhanden)

- **brennendes Öl niemals** mit **Wasser** löschen (Stichflamme!)
- Feuer mit **Löschdecke** oder **Topfdeckel** ersticken

Das Feuer

1 Zeichne ein Verbrennungsdreieck und beschrifte es mit den passenden Fachbegriffen.

/3

2 Ein Lagerfeuer muss gelöscht werden. Deine Eltern schütten Sand ins Feuer. Wieso geht das Feuer aus?

/1

3 Was würde in einem Feuer nicht brennen? Streiche es durch.

 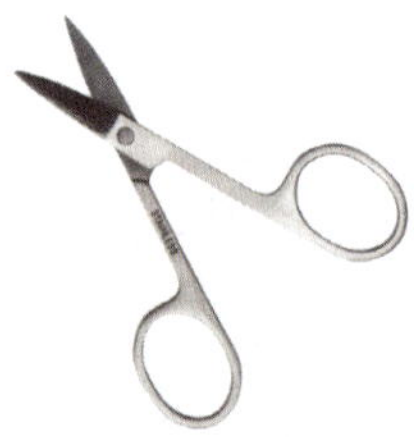  

/2

4 Feuer kann für die Menschen sehr nützlich sein. Nenne jeweils zwei Beispiele, die sich nicht wiederholen.

Feuer in der **Steinzeit** war nützlich, weil

Feuer **heute** ist nützlich, weil

/4

5 **Finde jeweils zwei Materialien, die zu den Hinweisschildern passen.**

/4

6 **Die Feuerwehr hat vier verschiedene Aufgaben. Ordne jeden Begriff einem Beispiel zu.**

(1) löschen (2) bergen (3) retten (4) schützen

◯ Die Feuerwehr holt Pferde aus einem brennenden Stall.

◯ Ein Waldbrand ist ausgebrochen.

◯ Ein Auto (ohne Menschen) liegt in einem Graben.

◯ Aus einem Lastwagen versickert nach einem Unfall Öl im Boden.

/4

7 **Auf dem Herd steht ein Topf mit Öl, der in Brand geraten ist.**

a **Wie sollten deine Eltern das Feuer löschen?**

/1

b **Wie sollten sie das Feuer keinesfalls löschen und warum?**

/1

8 **Nenne zwei Möglichkeiten, wie die Feuerwehr an ihr Löschwasser kommt.**

/2

9 **Nenne drei Regeln, wie du einen Wohnungsbrand vermeiden kannst.**

____

____

____

____

/3

10 **Richtig oder falsch? Kreuze an.**

	richtig	falsch
Rauchen an einer Tankstelle ist erlaubt.	◯	◯
Seine Becherlupe im Wald liegen zu lassen ist gefährlich. Das kann zu einem Waldbrand führen.	◯	◯
Brennt es, dann laufe ich über die Treppe nach unten und verwende keinesfalls den Aufzug.	◯	◯
Durch den Brand eines trockenen Adventskranzes kann ein Wohnzimmer in kürzester Zeit abbrennen.	◯	◯
Eine Brandwunde kühle ich am besten mit eiskaltem Wasser.	◯	◯
In einem brennenden Zimmer ist die Luft am Boden kühler als an der Decke.	◯	◯
Bei einem Brand in der Schule kann ich mich vom Sammelplatz entfernen und nach Hause laufen.	◯	◯
Ein Feuerwehrmann muss seine Sicherheitsjacke nur dann tragen, wenn es brennt.	◯	◯

/4

Von 29 Punkten hast du _____ erreicht.

Das Feuer

1 Deine Eltern machen an einer geeigneten Stelle im Garten ein Lagerfeuer. Was benötigt dieses Feuer, damit es weiterhin brennen kann? Kreuze an.

- ◯ Luft (Sauerstoff)
- ◯ Aufsicht
- ◯ Hitze (hohe Temperatur)
- ◯ Steine
- ◯ Holz
- ◯ Wasser

☐ /3

2 Es gibt verschiedene Methoden, ein Feuer zu löschen. Warum geht das Feuer jeweils aus? Denke an das Verbrennungsdreieck und erkläre.

Löschdecke:

Wasser:

☐ /2

3 Welches Material passt zu welchem Zeichen? Verbinde.
Tipp: Ein Material passt zu zwei Zeichen!

Holz	Steine	Plastik	Nagel	Glas	Wolle

☐ /3,5

4 Eine Jugendgruppe fährt ins Zeltlager. Welche Regeln sollten sie beim Umgang mit Feuer im Freien beachten? Nenne zwei Regeln.

____

____

____

____

☐ /2

5 In welcher Reihenfolge gehen die Kerzen aus?

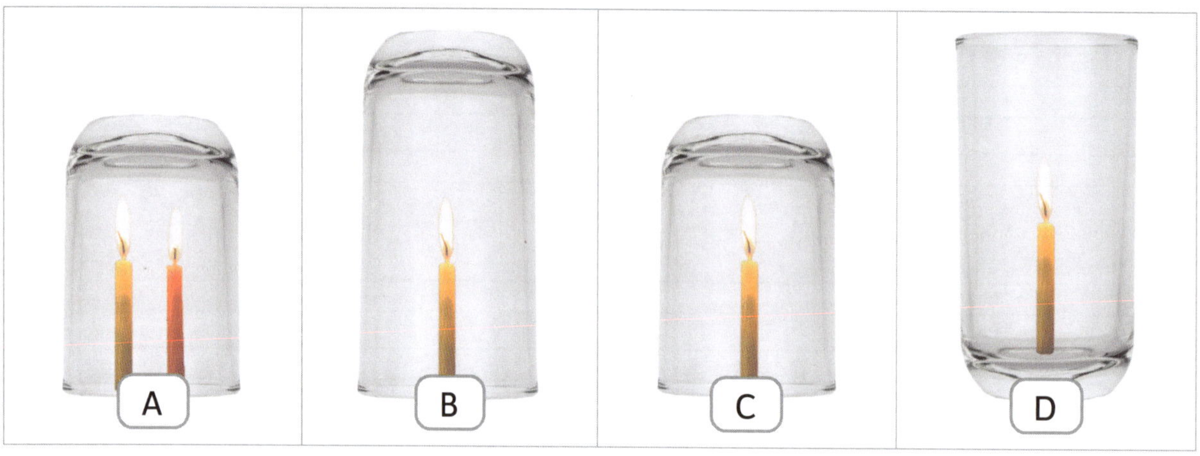

Zuerst erlischt ☐, danach ☐, im Anschluss ☐ und als letztes ☐.

☐ /2

6 Kreuze nur richtige Aussagen an.

- ◯ Hat ein Adventskranz Feuer gefangen, dann kann ich das Feuer auspusten.
- ◯ Entdecke ich einen Waldbrand, verständige ich immer einen Erwachsenen oder die Feuerwehr.
- ◯ Brennt Öl in einer Pfanne, verwende ich den Topfdeckel oder Wasser zum Löschen.
- ◯ Brennen meine Kleider, dann werfe ich mich auf den Boden und wälze mich hin und her.
- ◯ Abfall im Wald hat nichts mit Waldbränden zu tun.
- ◯ Wenn ich die Feuerwehr gerufen habe, dann kann ich gehen. Hilfe habe ich ja geholt.

☐ /3

7 Im Kaufhaus gibt es einen <u>Kerzenständer</u> aus <u>Holz</u> und einen aus <u>Glas</u>.
Welchen würde dir <u>die Feuerwehr empfehlen</u> und warum?

____

____ /2

8 Es <u>brennt</u> im <u>Dachgeschoss</u>. Welcher Weg ist <u>der sicherere</u> für dich nach unten?
Kreuze an und begründe deine Entscheidung.

◯ Aufzug ◯ Treppe

____

____ /1,5

9 Beschreibe <u>zwei Beispiele</u>, in denen die Feuerwehr hilft, obwohl es <u>nicht brennt</u>.

____

____

____ /2

10 Warum ist ein <u>Rauchmelder im Schlafzimmer</u> besonders wichtig?

____

____

____ /1

Von 22 Punkten hast du ______ erreicht.

Orientierung und Karte – Ich finde mich zurecht!

Die Himmelsrichtungen wurden so festgelegt:

Im **Osten** geht die Sonne auf, im **Süden** nimmt sie ihren Lauf,
im **Westen** wird sie untergeh'n, im **Norden** ist sie nie zu sehen.

Natürlich gibt es noch weitere Möglichkeiten, die Himmelsrichtungen zu bestimmen:

1. **Der Kompass** hat vier **Haupthimmelsrichtungen** (Norden, Osten, Süden und Westen) und vier **Nebenhimmelsrichtungen** (Nordosten, Südosten, Südwesten, Nordwesten).

   Richtiger Umgang mit dem Kompass:

   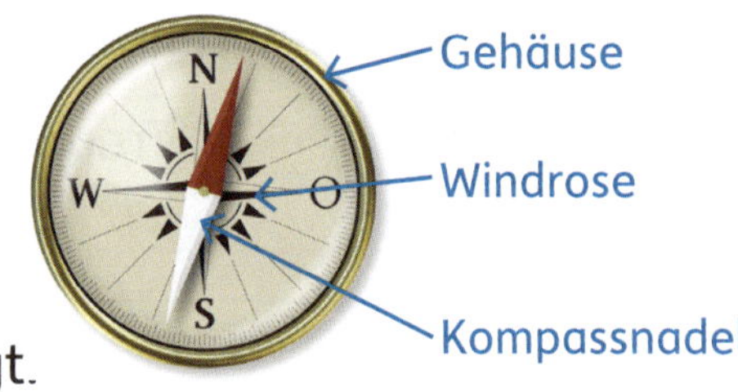

   - Halte das Gehäuse waagrecht und ruhig in der Hand.
   - Warte, bis die Kompassnadel ruhig steht.
   - Drehe das Gehäuse, bis die Kompassnadel mit der farbigen Spitze auf das „N" für Norden der Windrose zeigt. Die Kompassnadel ist magnetisch und zeigt mit der roten Spitze immer nach Norden.
   - Nun kannst du die Himmelsrichtungen ablesen.

2. **Elektronische Navigationsgeräte (GPS)** zeigen uns den Weg mit Hilfe von Satelliten, die um die Erde kreisen.

3. In der Winterzeit gilt: Drehe deine **Armbanduhr** so, dass der Stundenzeiger zur Sonne zeigt. Finde nun genau die Mitte zwischen dem Stundenzeiger und der 12. Dort liegt Süden. **Achtung**: Am Vormittag musst du im Uhrzeigersinn (siehe Bild) von dem Stundenzeiger zur 12 gehen, am Nachmittag gegen den Uhrzeigersinn.

4. **Satellitenschüsseln** sind oft nach Süden ausgerichtet.

5. Alte **Kirchen** haben ihren Kirchturm oft im Westen und den Altarraum im Osten.

6. Der **Polarstern** liegt im Norden. Er ist der hellste Stern im Sternbild „Kleiner Bär" (= „Kleiner Wagen").

   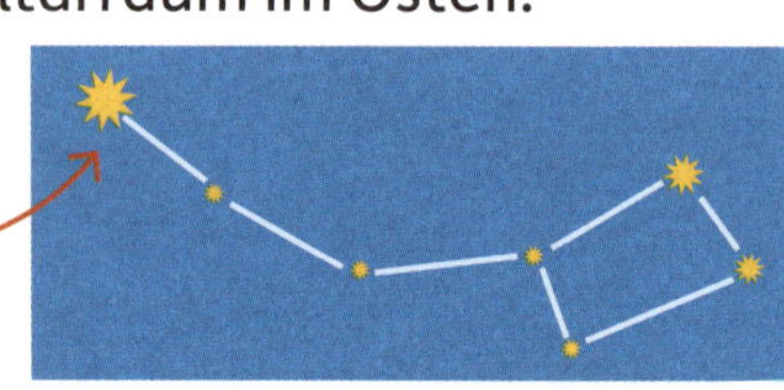

7. In den **Bergen** bleibt Schnee auf Nordhängen länger liegen.

Mache mit deinen Eltern einen Spaziergang.
Denke an all die Tipps und versuche die
Himmelsrichtungen zu bestimmen!

8. Am einfachsten ist es natürlich zur Orientierung eine **Karte** zu verwenden. Sie verkleinert und vereinfacht die Landschaft und zeigt sie aus der **Vogelperspektive** (das heißt senkrecht von oben). Norden ist immer oben auf der Karte.

Norden

Westen

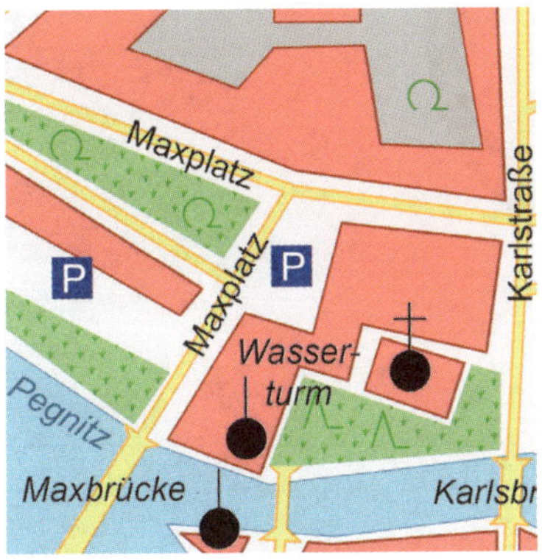

Osten

Süden

Merkspruch
(im Uhrzeigersinn)

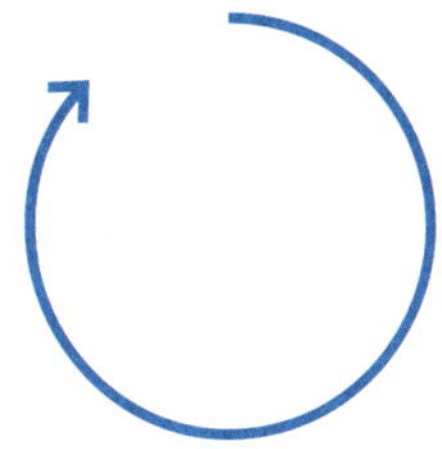

Die **Legende** erklärt die Kartenzeichen, die auf der Karte verwendet werden:

- Straße/Kreuzung
- Gewässer/See
- Fluss
- bebaute Fläche/Haus
- Parkplatz
- Aussichtsturm
- Friedhof
- Brücke
- Turm
- Kirche
- Burg/Schloss
- Ruine
- Bahnhof
- Bahnlinie
- Gasthof
- Krankenhaus
- Nadelbaum
- Laubbaum
- Mischwald
- Wiese
- Zeltplatz
- Leuchtturm
- Berg
- Höhle

Pläne sind zur leichteren Orientierung in **Planquadrate** eingeteilt. Dabei wird immer zuerst der Buchstabe genannt und dann die Zahl.

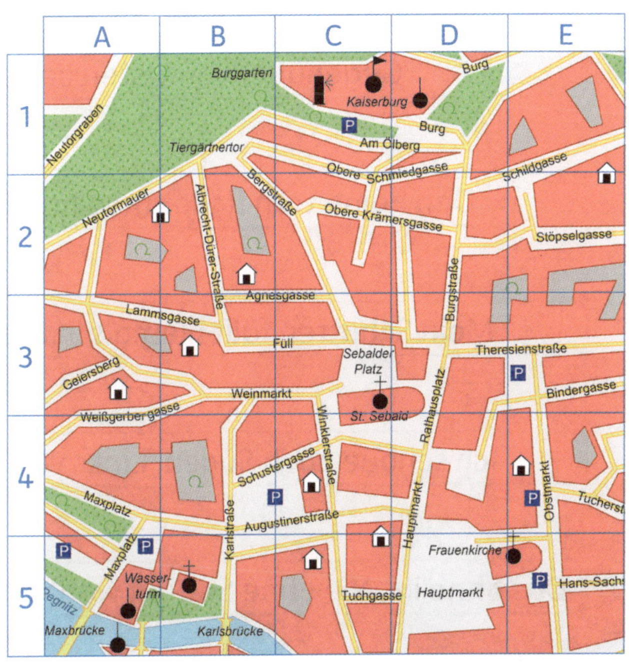

Orientierung und Karte

1 **Der Kompass ist ausgerichtet. Beschrifte den Kompass mit den Haupthimmelsrichtungen und zeichne der Kompassnadel ihre farbige Spitze.**

☐ /3

2 **Wie heißen die Nebenhimmelsrichtungen?**

____

☐ /4

3 **Wie bedienst du einen Kompass richtig? Fülle die Lücken mit diesen Begriffen:**

ruhig – Kompassnadel – Windrose – rote Spitze – waagrecht – Gehäuse

Zuerst nehme ich den Kompass ________ in die Hand und halte ihn ganz ________. Dann warte ich bis sich die ________ nicht mehr bewegt. Nun drehe ich das ________ so lange, bis die ________ der Kompassnadel auf Norden der ________ zeigt.

☐ /3

4 **Male jeden Satzanfang mit der Farbe des richtigen Endes an.**

- Auf einer Landkarte ist oben immer
- Gegenüber von Osten liegt
- Den Polarstern findet man nachts im
- Mein Schatten fällt niemals in Richtung
- Ich schaue nach Süden. Links von mir ist
- Das **ohne** in „Nie ohne Socken wandern“ steht für

- Osten.
- Westen.
- Norden.
- Süden.

☐ /3

5 Herr Schön möchte in seinem Garten Sonnenblumen pflanzen. Diese brauchen viel Sonne zum Wachsen.
Suche ein Beet in der Skizze von Herrn Schöns Garten, in dem die Blumen nicht gut wachsen würden, und begründe deine Entscheidung.

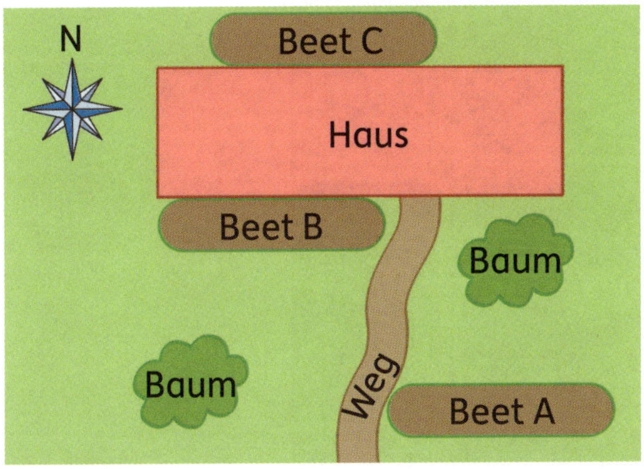

/1,5

6 In welcher Himmelsrichtung findest du die Sonne in etwa um diese Uhrzeiten?

/1,5

7 Es ist nachmittags und bewölkt. Du gehst spazieren. Wie kannst du die Himmelsrichtungen ohne Kompass oder GPS bestimmen?
Beschreibe drei Möglichkeiten.

/3

8 Ina will am Vormittag mit Hilfe ihrer Uhr herausfinden, wo Süden liegt. Leider hat sie dabei einen Fehler gemacht. Erkläre, was Ina falsch gemacht hat.

/1

9 Findest du den Schatz? Zeichne den Weg mit einem farbigen Stift ein.

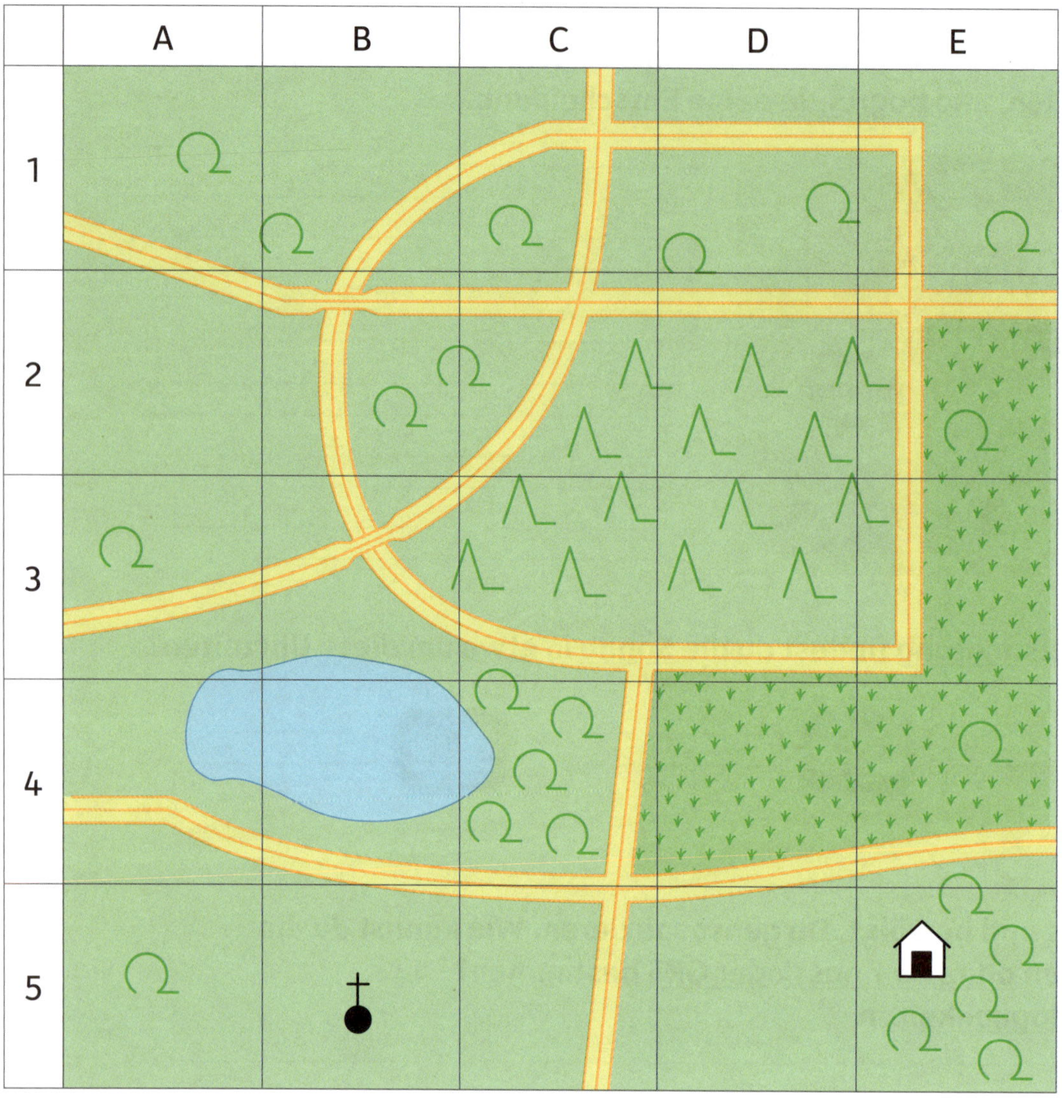

- Suche den nördlichsten Laubbaum. Starte auf der Straße, die südlich von diesem Baum verläuft, und folge ihr in Richtung Osten.
- Laufe an der ersten Kreuzung weiter nach Norden und biege an der nächsten Kreuzung gleich wieder nach Westen ab.
- Gehe so lange die Straße weiter, bis du an eine Abzweigung kommst.
- Folge der Straße ein kurzes Stück in südlicher Richtung.
- Gehe nun östlich über eine Wiese zum nächsten Laubbaum.
- Dort findest du den Schatz. Mache hier ein Kreuz.

☐ /3

10 Auf der Karte von Aufgabe 9 fehlen noch einige Kartenzeichen. Zeichne sie mit Bleistift dazu.

- Zeichne östlich von der Kirche einen Friedhof ein.
- Am westlichen Seeufer steht ein Aussichtsturm.
- Im Planquadrat A2 fehlt ein Zeltplatz.
- Bei D5 ist eine Ruine.

☐ /4

Von 27 Punkten hast du ______ erreicht.

403

Tests im Sachunterricht

Lernzielkontrollen 3. Klasse

Lösungen

Dieser Lösungsteil ist herausnehmbar!
Klammern in der Mitte des Heftes öffnen!

Wahl

1

Stimmzettel | Kandidatenliste | Wahlhelferin | Wahlurne

2 ◯ Alle Personen, die einen Bürgermeister wählen.
☒ **Alle Personen, die Bürgermeister werden wollen und sich zur Wahl aufstellen lassen.**

3
- 3 Die Wähler geben ihre Stimme ab.
- 5 Das Wahlergebnis wird verkündet.
- 1 Die Kandidaten melden sich oder werden vorgeschlagen.
- 6 Die gewählten Klassensprecher sagen, ob sie die Wahl annehmen.
- 2 Die Namen der Kandidaten werden an der Tafel notiert.
- 4 Der Wahlhelfer notiert die Anzahl der Stimmen pro Kandidat an der Tafel.

4 Auf diese Frage gibt es viele richtige Antworten. Hier ein paar Beispiele in Stichpunkten:

Klassensprecherversammlung, Übergabe einer Spende, Gespräch mit dem Schulleiter/der Schulleiterin/einer Lehrkraft, verschiedene Aktionen bei einem Schulfest/Klassenfest, Begrüßung/Verabschiedung

5 ◯ jeden Tag Süßigkeiten für alle Mitschüler mitbringen.
☒ **der Lehrkraft sagen, wenn es ein Problem in der Klasse gibt.**
◯ dafür sorgen, dass im Unterricht nie mehr ein Kind schwätzt.
◯ Kinder ermahnen, die in der Pause zu wild spielen.
☒ **Mitschülern helfen, einen Streit zu klären.**
☒ **sich vorbildlich verhalten.**

jeder richtig angekreuzte oder nicht angekreuzte Satz = 1/2 P

Kein Kind sollte jeden Tag Süßigkeiten mit in die Schule nehmen – egal, ob Klassensprecher oder nicht. Für Ruhe in der Klasse zu sorgen oder wilde Kinder zu ermahnen, ist keine Aufgabe des Klassensprechers. Hier sollte sich eine Lehrkraft um die Kinder kümmern.

6 Auf diese Frage gibt es viele richtige Antworten. Hier ein paar Beispiele:

Mutig ist ein Klassensprecher, wenn er (zum Beispiel auf einem Schulfest) **vor vielen Personen spricht** oder wenn er bei der Klassensprecherversammlung vor allen **die Meinung seiner Klasse vertritt**.

7 ◯ Die Wahl ist ungültig und muss wiederholt werden.
☒ **Es gibt eine Stichwahl zwischen diesen Kandidaten.**
◯ Die Lehrerin bestimmt, wer Klassensprecher sein darf.

mehrere Kreuze oder ein falsches Kreuz = 0 P

8a frei | gleich | unmittelbar

Jede Stimme zählt gleich viel. | Die Kinder wählen ihre Klassensprecher selbst. | Jedes Kind entscheidet selbst, ob oder wen es wählt.

b **allgemein**: Jedes Kind in der Klasse darf wählen und gewählt werden.

geheim: Niemand erfährt, für welche Kandidaten sich ein Wähler entscheidet.

jedes richtige Wort = 1 P

jede Erklärung = 1/2 P

9 **Ja**, = (1 P) Tina darf sich selbst wählen. Das **Wahlprinzip frei** = (1/2 P) erlaubt es jedem Wähler, selbst zu entscheiden, wen er/sie wählen möchte. Daher kann sich Tina **auch selbst wählen**. = (1/2 P)

10 jedes passende Kreuz = (1/2 P)

	richtig	falsch
Klassensprecher müssen gute Noten haben.	○	☒
Die Anzahl der Stimmen pro Kandidat bleibt geheim.	○	☒
In einer Klasse mit vielen Mädchen haben alle Jungen zwei Stimmen.	○	☒
Ein Kandidat darf bei der Wahl auch mitwählen.	☒	○
Die Wahl ist ungültig, wenn die Lehrkraft lieber andere Kinder als Klassensprecher hätte. Sie wird dann wiederholt.	○	☒
Nur wer sich als Kandidat aufstellen lässt, kann gewählt werden.	☒	○
Wenn ich möchte, kann ich meinen Freunden verraten, wen ich als Klassensprecher gewählt habe.	☒	○

Punkte	**22-20,5**	**20-17,5**	**17-14**	**13,5-11**	**10,5-5,5**	**5-0**
Note	**1**	**2**	**3**	**4**	**5**	**6**

Wald I

1

1 **Baum**schicht

2 **Strauch**schicht

3 **Kraut**schicht

4 **Moos**schicht

5 **Wurzel**schicht

jeder richtige Begriff = (1/2 P)

2 (4) Igel (2) Himbeerhecke (3) Brennnessel (5) Regenwurm (4) Ameise (1) Ahorn

jede richtige Ziffer = (1/2 P)

3 ☒ **ja** = (1/2 P) ○ nein

Es gibt viele Tiere, die sich in verschiedenen Schichten aufhalten. Hier zwei Beispiele:

Das **Eichhörnchen** hat seinen Kobel in der Baumschicht, sucht sein Futter in der Strauchschicht und vergräbt es in der Wurzelschicht.
Der **Fuchs** hat seine Höhle in der Wurzelschicht und sucht sein Futter in der Moos- und Krautschicht. = (1/2 P)

4 Gut begründet gibt es hier verschiedene richtige Antworten.

Für mich ist die wichtigste Aufgabe, dass der **Wald uns mit dem Sauerstoff versorgt**, den wir zum Atmen brauchen. Für dich kann aber auch etwas anderes sehr wichtig sein: Der **Schutz vor Lawinen oder Muren**, wenn du in einem Ort am Fuß eines Berges wohnst oder dass der Wald **Arbeitsplätze** liefert, wenn deine Eltern davon leben und ihr sonst kein Geld hättet.

5a Rehe **knabbern junge Triebe der Bäume** an. Das schadet den Bäumen natürlich, schlimmstenfalls können sie dadurch **absterben**.

b Weitere Gefahren für den Wald sind **Schäden durch Sturm und Schnee** (Schneebruch), **Trockenheit**, **Umweltverschmutzung**, **Abholzung** und **Schädlinge**.

6 ◯ Blätter in der Baumschicht benötigen wenig Licht.
☒ **Abgeholzte Hänge bieten weniger Schutz vor Lawinen.**
◯ Ein Bergwald besteht hauptsächlich aus Laubbäumen.
◯ Laubbäume stellen Sauerstoff her, Nadelbäume nicht.
◯ In einem Mischwald wachsen nur Laubbäume.
☒ **Der Wald schützt uns vor Lärm und Hochwasser.**

jeder richtig angekreuzte oder nicht angekreuzte Satz = 1/2 P

7 Die Zweige der ◯ Tanne ☒ **Lärche** = 1/2 P ◯ Kiefer ◯ Fichte.

Die Lärche **verliert im Herbst ihre Nadeln**.
Ihre Zweige eignen sich **nicht** für einen Adventskranz. = 1P

8

		Tanne	Fichte
Merkmal	Nadeln	stumpf weiße Streifen an der Unterseite	spitz wachsen rund um den Zweig
	Zapfen	stehend fallen in Schuppen ab	hängend fallen als Ganzes ab

9 ◯ Sie wachsen in Büscheln. ☒ **Sie wachsen paarweise.**

10a 

Das Birkenblatt hat eine **dreieckige Blattform** und einen **gesägten Blattrand**.

b Die Früchte der Birke heißen **geflügelte Nussfrüchte**. Man nennt sie aber auch **Kätzchen**, obwohl so eigentlich ihre männlichen Blüten heißen.

11

gewellter Blattrand
(Buchenblatt)

gebuchteter Blattrand
(Eichenblatt)

12 Auf diese Frage gibt es verschiedene richtige Antworten. Hier ein paar Beispiele in Stichpunkten:

- Leise sein und nicht herumschreien – Tiere nicht stören
- Auf den Wegen bleiben – Tiere nicht stören und keine Pflanzen zertreten
- Keine Blumen pflücken oder Äste abreißen – Pflanzen nicht verletzen
- Hund an die Leine – Tiere nicht stören, vermeiden, dass ein Hund ein Tier jagt
- Kein Lagerfeuer machen – einen Waldbrand vermeiden
- Müll wieder mitnehmen – den Wald nicht verschmutzen und dadurch Tiere und Pflanzen nicht in Gefahr bringen

jede Verhaltensregel = 1P jede Begründung = 1P

Punkte	**31-29,5**	**29-24,5**	**24-20**	**19,5-15,5**	**15-7,5**	**7-0**
Note	**1**	**2**	**3**	**4**	**5**	**6**

Wald II

1

Baumschicht	Vögel und kletternde Tiere (Eichhörnchen, Baummarder), Fledermäuse …
Strauchschicht	Eichhörnchen, Reh, Vögel, Hirsch …
Krautschicht	Insekten (wie Bienen, Wespen, Käfer), Fuchs, Feldhase, Wildschwein …
Moosschicht	Eidechse, Insekten, Spinne, Käfer, Schnecken, Maus, Dachs, Igel, Schlangen …
Wurzelschicht	Regenwurm, Maulwurf, Dachs, Feldhamster, Assel …

2 Jede Schicht bietet ~~gleiche~~ andere Lebensbedingungen.
Die Pflanzen der Moosschicht brauchen ~~viel~~ wenig Licht.
Würmer finden in der Wurzelschicht ~~Strauchschicht~~ Nahrung.
Vögel fliegen ~~nur~~ nicht nur in der Baumschicht umher.

3 Gründe **für** die Abholzung: man **gewinnt Holz**, das verarbeitet werden kann, durch die Abholzung entsteht eine **neue Sportmöglichkeit** für die Menschen, **mehr Arbeitsplätze** durch Tourismus …

Gründe **gegen** die Abholzung: **weniger Schutz** vor Lawinen und Muren, **Lebensraum** für Tiere und Pflanzen und Erholungsraum für Menschen wird **zerstört**, mehr **Umweltverschmutzung** durch Tourismus, Wald als **Wasserspeicher** und **Sauerstofflieferant fehlt** …

4 ☒ **Tagsüber**, = 1P ○ Nachts,
weil sie das Sonnenlicht zur Herstellung von Sauerstoff benötigen. = 1P

5 **Wurzeln**, **Rinde**, **Stamm**, **Äste** und **Krone** haben Nadelbäume und Laubbäume.
Auch möglich: Früchte, Knospen, Samen und Blätter.
Die Nadeln der Nadelbäume **sehen anders aus** als die Blätter der Laubbäume, aber sie haben die **gleiche Aufgabe**. Nadeln werden auch „Nadelblätter" genannt.

6 Herstellen von Sauerstoff → **Blätter, Nadeln**
Aufnahme von Wasser und Nährstoffen → **Wurzeln**
Schutz vor Schädlingen → **Rinde, (Harz)**
Verbindung von Stamm und Blättern → **Äste und Zweige**

7 Die Lunge ist ein Organ, mit dem Menschen und viele Tiere Sauerstoff aufnehmen, ohne den sie nicht überleben könnten. Die vielen **grünen Pflanzen im Wald** stellen bei der sogenannten Photosynthese (mit Hilfe von Sonnenlicht, Kohlendioxid und Wasser) **Sauerstoff her**. Der Wald gibt also unserer Lunge viel **frische Luft**, die wir **einatmen** können.

8 **Ahorn** **Birke** **Buche** **Eiche**

jeder richtige Baumname = 1P
jedes richtige Verbinden = 1/2 P

9 Welcher Baum hat als Früchte „Nüsschen"?
Linde
Welcher Baum hat eine weiße Rinde?
Birke
Welcher Baum hat gefingerte Blätter?
Kastanie
Wie heißen die Früchte des Ahornbaumes?
Nasenzwicker
Wie ist der Blattrand der Eiche?
gebuchtet

10 Auf diese Frage gibt es viele richtige Antworten. Hier ein paar Beispiele:

Regenwurm → Maus → Raubvogel
Blattlaus → Marienkäfer → Kohlmeise
Käfer → Specht → Eule
Fliege → Frosch → Ringelnatter

→ steht für „wird gefressen von“

11 jeder richtig angekreuzte oder nicht angekreuzte Satz = 1/2 P

- ○ Das stimmt! Niemand braucht Mücken. Sie sind nur lästig.
- ☒ **Mücken sind Teil einer Nahrungskette und wichtige Nahrung für andere Tierarten, zum Beispiel Vögel.**
- ☒ **Wären Mücken plötzlich weg, dann wäre das natürliche Gleichgewicht gestört.**
- ☒ **Ohne Mücken würden manche Tiere zu wenig Futter finden.**

12 **Nein** = 1P, das kann nicht sein. Normalerweise fallen Tannenzapfen **nicht als Ganzes ab**, sondern **in Schuppen**. Das **„Gerippe“** bleibt **am Zweig**. = 1P

Punkte	31-29,5	29-24,5	24-20	19,5-15,5	15-7,5	7-0
Note	1	2	3	4	5	6

Feuer I

1

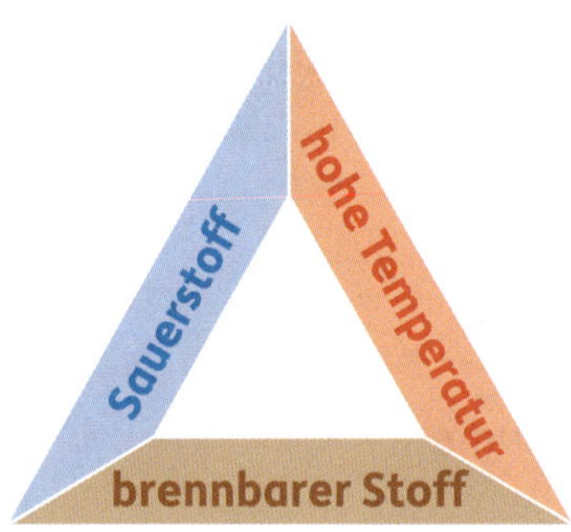

2 Der **Sand entzieht** dem Feuer den **Sauerstoff**. Feuer kann ohne Sauerstoff nicht brennen. Sand ist ein nicht brennbarer Stoff.

3 jedes richtig durchgestrichene oder nicht durchgestrichene Ding = 1/2 P

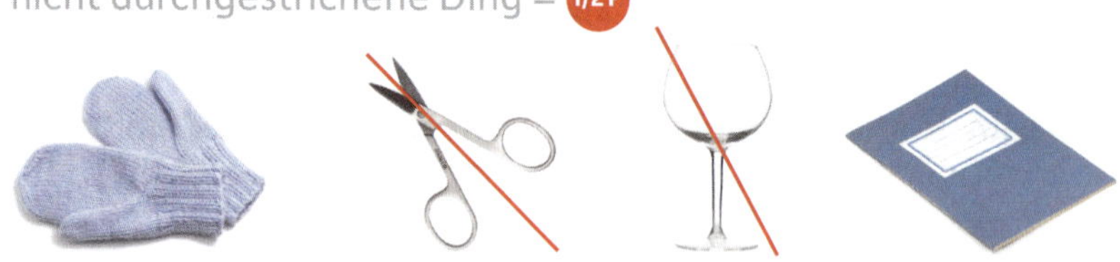

4 Feuer in der **Steinzeit** war nützlich, weil es **Wärme und Licht** gespendet hat und die Menschen ihre **Nahrung kochen** konnten. Außerdem haben Tiere Angst vor Feuer, so dass die Menschen damals damit **Schutz vor gefährlichen Tieren** hatten.

Feuer **heute** ist nützlich, weil es in der **Industrie** und zur **Dekoration** verwendet wird. (Natürlich spendet es auch heute noch **Wärme und Licht** und wird bei der **Zubereitung von Essen**, wie zum Beispiel beim Grillen, eingesetzt.)

5  Gummi, Styropor, Plastik

 Stein, Glas, Nagel, Eisen, Sand, Wasser

6

- 3 Die Feuerwehr holt Pferde aus einem brennenden Stall.
- 1 Ein Waldbrand ist ausgebrochen.
- 2 Ein Auto (ohne Menschen) liegt in einem Graben.
- 4 Aus einem Lastwagen versickert nach einem Unfall Öl im Boden.

7a Mit einer **Löschdecke** oder einem **Topfdeckel** sollten deine Eltern den Ölbrand löschen. Das Feuer **muss erstickt werden**, das heißt, es darf keinen Sauerstoff mehr bekommen und geht dann aus.

b Mit **Wasser** dürfen sie den Ölbrand **nicht löschen**, denn es könnte eine **gefährliche Stichflamme** entstehen.

8 Tank im Fahrzeug, Hydrant, Gewässer (See, Bach, Fluss)

9
- Feuer nur unter **Aufsicht eines Erwachsenen** entzünden.
- **Niemals zündeln** (mit Streichhölzern oder Feuerzeugen spielen)!
- **Kerzen ausblasen**, bevor man den Raum verlässt.
- **Löschmittel bereitstellen**, zum Beispiel neben einem Christbaum mit echten Kerzen einen Eimer mit Wasser oder noch besser einen Feuerlöscher stellen.
- **Rauchmelder oder Feuermelder** an den Zimmerdecken installieren.

10 jedes passende Kreuz = 1/2 P

	richtig	falsch	Interessante Infos dazu:
Rauchen an einer Tankstelle ist erlaubt.	○	☒	Benzin und Öl sind leicht entzündliche Stoffe. Rauchen an einer Tankstelle kann ein Feuer auslösen.
Seine Becherlupe im Wald liegen zu lassen ist gefährlich. Das kann zu einem Waldbrand führen.	☒	○	Die Lupe könnte wie ein Brennglas wirken. So kann es bei einem trockenen Untergrund zu einem Brand kommen.
Brennt es, dann laufe ich über die Treppe nach unten und verwende keinesfalls den Aufzug.	☒	○	Bei einem Feuer kann der Strom im Gebäude ausfallen und somit fährt auch der Aufzug nicht weiter. Du könntest in dem Aufzug gefangen sein. Außerdem verhindert der Rauch des Feuers, dass sich die Aufzugtüren schließen.
Durch den Brand eines trockenen Adventskranzes kann ein Wohnzimmer in kürzester Zeit abbrennen.	☒	○	Das Feuer kann sich rasend schnell ausbreiten, so dass ein Raum innerhalb weniger Minuten vollständig brennen kann.
Eine Brandwunde kühle ich am besten mit eiskaltem Wasser.	○	☒	Eiskaltes Wasser kann zu Erfrierungen führen und ist für den Kreislauf der verletzten Person zu belastend. Handwarmes Wasser ist besser geeignet.
In einem brennenden Zimmer ist die Luft am Boden kühler als an der Decke.	☒	○	Warme oder heiße Luft steigt nach oben. Die Luft am Boden ist bei einem Feuer etwas kühler. Daher kann man sich krabbelnd in Sicherheit bringen, wenn die Luft „weiter oben“ bereits zu heiß ist.
Bei einem Brand in der Schule kann ich mich vom Sammelplatz entfernen und nach Hause laufen.	○	☒	Schülerinnen und Schüler dürfen sich keinesfalls vom Sammelplatz entfernen, bevor die Lehrkraft dies nicht ausdrücklich erlaubt. Ansonsten kann sie der Feuerwehr keine Informationen darüber geben, ob alle Kinder ihrer Klasse in Sicherheit sind.
Ein Feuerwehrmann muss seine Sicherheitsjacke nur dann tragen, wenn es brennt.	○	☒	Die Sicherheitsjacke ist nicht nur bei einem Feuer nützlich. Durch ihre Reflektoren und ihre Farbe schützt sie den Feuerwehrmann oder die Feuerwehrfrau auch bei einem Einsatz im Straßenverkehr oder in der Dunkelheit.

Punkte	**29-27,5**	**27-23**	**22,5-18,5**	**18-14,5**	**14-7**	**6,5-0**
Note	**1**	**2**	**3**	**4**	**5**	**6**

Feuer II

1
- ☒ **Luft (Sauerstoff)**
- ○ Aufsicht
- ☒ **Hitze (hohe Temperatur)**
- ○ Steine
- ☒ **Holz**
- ○ Wasser

jedes richtig angekreuzte oder nicht angekreuzte Wort = 1/2 P

2 **Löschdecke**: Dem Feuer wird der Sauerstoff entzogen.
Wasser: Das Wasser verringert die hohe Temperatur. Wasser ist ein nicht brennbarer Stoff.
In beiden Fällen erlischt das Feuer (siehe Verbrennungsdreieck).

3

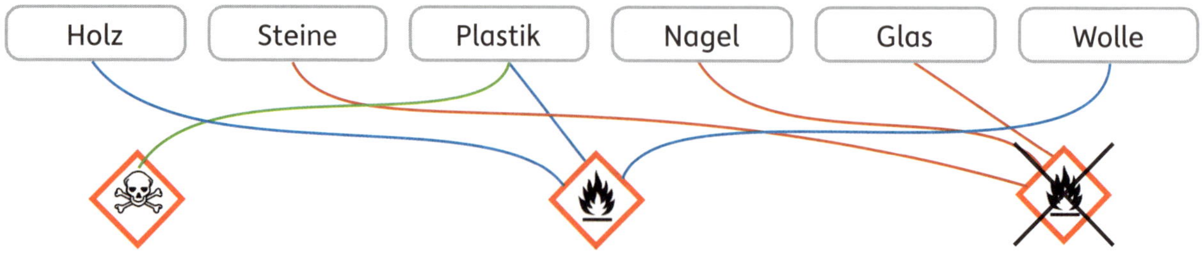

4
- Kein Feuer alleine brennen lassen, nur **unter Aufsicht**.
- Auf die **Wahl der richtigen Feuerstelle** achten, zum Beispiel nicht in der Nähe eines trockenen Waldes oder zu nah an den Zelten.
- Darauf achten, ob es **überhaupt erlaubt** ist, ein Feuer zu entzünden (auf manchen Campingplätzen ist das verboten). **Löschmittel** bereitstellen.

5 Zuerst erlischt **A**, danach **C**, im Anschluss **B** und als letztes **D**. In dieser Reihenfolge wird der Sauerstoff am schnellsten verbraucht. Bei **D** kann die Kerze ganz herunterbrennen.

6
- ◯ Hat ein Adventskranz Feuer gefangen, dann kann ich das Feuer auspusten.
  Grund: Wenn du in das Feuer pustest, dann bekommt es mehr Sauerstoff und brennt noch mehr.
- ☒ **Entdecke ich einen Waldbrand, verständige ich immer einen Erwachsenen oder die Feuerwehr.**
  Grund: Nur, wenn der Feuerwehr gemeldet wird, dass es im Wald brennt, kann sie auch zur Bekämpfung des Feuers ausrücken.
- ◯ Brennt Öl in einer Pfanne, verwende ich den Topfdeckel oder Wasser zum Löschen.
  Grund: Mit dem Topfdeckel oder eine Löschdecke zu löschen, ist richtig. Wasser als Löschmittel könnte zu einer Stichflamme führen und ist daher nicht geeignet.
- ☒ **Brennen meine Kleider, dann werfe ich mich auf den Boden und wälze mich hin und her.**
  Grund: Durch das Wälzen auf dem Boden soll dem Feuer der Sauerstoff entzogen werden, sodass es erlischt. Halte immer genug Abstand zu einem Feuer, sodass deine Kleidung nicht in Brand geraten kann.
- ◯ Abfall im Wald hat nichts mit Waldbränden zu tun.
  Grund: Durch zurückgelassene Flaschen oder Scherben können Waldbrände entstehen. Das Glas wirkt wie ein Brennglas auf dem trockenen Waldboden.
- ◯ Wenn ich die Feuerwehr gerufen habe, dann kann ich gehen. Hilfe habe ich ja geholt.
  Grund: Hast du zum Beispiel wegen eines Waldbrandes die Feuerwehr gerufen, dann solltest du zur Klärung weiterer Fragen vor Ort bleiben – natürlich mit entsprechendem Sicherheitsabstand!

7 **Glas** ist ein **nicht brennbares** Material, daher würde die Feuerwehr eher zum Kauf eines Kerzenständers **aus Glas raten**. Holz könnte anfangen zu brennen und ist daher weniger geeignet.

8 ◯ Aufzug ☒ **Treppe** = 1/2 P

Die Treppe ist der sicherere Weg, da wegen des Feuers der **Strom ausfallen** und somit der **Aufzug steckenbleiben** könnte. Außerdem blockiert der Rauch die Bewegungsmelder an der Aufzugtür, sodass diese sich nicht mehr schließt. = 1 P

9 Auf diese Frage gibt es viele richtige Antworten. Hier ein paar Beispiele:

Denke an die anderen Aufgaben der Feuerwehr: bergen, retten und schützen.
- **bergen**: Einen umgestürzten Kran/LKW wieder aufstellen oder einen PKW, der in einem Flussbett liegt, herausholen.
- **retten**: Tiere, die in Not geraten sind, rettet die Feuerwehr (zum Beispiel eine Katze auf einem Baum). Menschen, die von einem Hochwasser bedroht sind, bringt die Feuerwehr in Sicherheit.
- **schützen**: Verliert ein Auto Öl, dann beseitigt die Feuerwehr die Ölspur auf der Straße.
  Es gehören auch vorbeugende Maßnahmen dazu, zum Beispiel die Schulung einer Betriebsfeuerwehr oder eine Beratung bei großen Bauvorhaben.

10 Wenn wir schlafen, dann **riechen wir nichts**. Wir würden also auch den Rauch eines Feuers nicht bemerken. Der **schrille Alarmton des Rauchmelders weckt** die Menschen auf und verhindert, dass sie giftigen Rauch einatmen oder sogar in den Flammen sterben.

Punkte	22-20,5	20-17,5	17-14	13,5-11	10,5-5,5	5-0
Note	1	2	3	4	5	6

Nenne zwei Aufgaben eines Klassensprechers.	Wer ist bei einer Klassensprecherwahl immer dabei: Schulleiter, Hausmeister oder Lehrkraft?	Was ist eine Wahlurne?	Wie heißen die Menschen, die bei einer Wahl ihre Stimme abgeben?
Kandidaten dürfen auch selbst ihre Stimme bei der Wahl abgeben. Richtig oder falsch?	Wer zählt die Stimmen bei einer Wahl aus?	Auf meinen Stimmzettel muss ich meinen Namen schreiben, so wie bei einem Arbeitsblatt in der Schule. Richtig oder falsch?	Die Kinder einer Klasse wählen ihren Klassensprecher selbst. Welches Wahlprinzip wird in diesem Satz erklärt?
Ina erpresst ihre Freundin Lea, Felix zum Klassensprecher zu wählen. Gegen welches Wahlprinzip wird hier verstoßen?	Welches Wort in diesem Satz ist falsch? Bei einer Wahl haben alle Wähler unterschiedlich viele Stimmen.	Wie nennt man die Liste, auf der alle Kinder stehen, die Klassensprecher werden wollen?	Was bedeutet „seine Stimme abgeben“ bei einer Wahl? Nicht mehr sprechen können oder einen Kandidaten wählen?
Welche Eigenschaft muss ein Klassensprecher nicht haben? gerecht hilfsbereit schön	Was bedeutet das Wahlprinzip „geheim“? Erkläre.	Welcher Nadelbaum eignet sich nicht als Christbaum? Tanne, Fichte, Kiefer oder Lärche?	Male den Blattrand einer Birke mit dem Finger auf den Tisch. Wie ist der Blattrand? (Fachbegriff!)
Was schützt einen Baum vor Schädlingen, wie zum Beispiel einem Käfer?	Nenne zwei Vorteile, die der Wald für Tiere hat.	Welche Bäume findest du in einem Mischwald?	Nenne drei Gefahren für den Wald.
Wie heißen die Schichten des Waldes? Zähle sie von oben nach unten auf.	Deine Klasse macht einen Waldausflug. Nenne zwei Regeln, an die ihr euch im Wald halten solltet.	Welcher Teil des Baumes stellt den Sauerstoff her?	Welche zwei Laubbäume haben eine gelappte Blattform?
Welcher Nadelbaum hat die längsten Nadeln? Tanne, Fichte, Kiefer oder Lärche?	Was ist ein natürliches Gleichgewicht?	Was bedeutet es, wenn ein Tier an der „Spitze der Nahrungskette“ steht?	Nenne fünf Tiere, die im Wald leben.

Das sind die **Wähler**.

Eine Wahlurne ist eine **Box**, in die die Wähler ihre **ausgefüllten Stimmzettel** werfen.

Eine **Lehrkraft** ist bei einer Klassensprecherwahl anwesend. Sie ist der Wahlleiter.

Streit schlichten, mit dem Lehrer über Probleme sprechen, Mitschülern bei Problemen helfen, im Namen der Klasse begrüßen/sprechen

Das Wahlprinzip **unmittelbar** (direkt) besagt, dass die Kinder ihre Klassensprecher selbst wählen und keine andere Person diese für sie wählt.

Nein, das ist **falsch**. Du gibst bei einer Wahl deine Stimme geheim ab. Dein Name gehört daher nicht auf den Stimmzettel – außer du bist als Kandidat aufgestellt und möchtest dich selbst wählen.

Das machen die **Wahlhelfer**. Bei einer Klassensprecherwahl der **Wahlleiter**, die Lehrkraft.

Ja, das ist **richtig**. Auch Kandidaten dürfen (nach dem Wahlprinzip allgemein) wählen und für sich selbst eine Stimme abgeben.

Es bedeutet „einen **Kandidaten wählen**“.

Das ist die **Kandidatenliste**.

Das Wort „**unterschiedlich**“ ist falsch.

Bei einer Wahl haben alle Wähler **gleich** viele Stimmen.

Hier wird dem Wahlprinzip **frei** widersprochen. Lea sollte **selbst entscheiden dürfen**, wen sie wählen möchte.

Der Blattrand der Birke ist **gesägt**.

Die **Lärche** eignet sich nicht als Christbaum, da sie im Winter ihre **Nadeln verliert**.

„Geheim“ bedeutet, dass du bei einer Wahl **niemandem sagen** oder zeigen musst, **wen du gewählt hast**.

Schön muss ein Klassensprecher nicht sein.

Gefahren für den Wald sind: **Wetterschäden**, **Trockenheit**, **Umweltverschmutzung**, **Abholzung**/Rodung, **Schäden durch Tiere**.

In einem Mischwald findest du **Nadelbäume** und **Laubbäume**.

Der Wald stellt **Sauerstoff** her, den auch die Tiere zum Atmen brauchen. Außerdem bietet er **Nahrung**, **Lebensraum** und **Schutz vor Lärm**.

Die **Rinde** und auch das **Harz** halten Schädlinge ab.

Die **Eiche** und der **Ahorn** haben eine gelappte Blattform.

Die **Blätter**/**Nadeln** stellen den Sauerstoff her. (Diesen Vorgang nennt man Photosynthese.)

Im Wald solltet ihr **leise sein** und nicht schreien, auf den **Wegen bleiben**, **keine Blumen pflücken** oder Pflanzen verletzen und den eigenen **Müll wieder mitnehmen**.

Baumschicht
Strauchschicht
Krautschicht
Moosschicht
Wurzelschicht

Reh, Rehbock, Hirsch, Hirschkuh, Biene, Eichhörnchen, Wildschwein, Fuchs, Schnecke, Maus, Ameise, Dachs, Käfer, Regenwurm, Assel, Maulwurf, Vögel …

Das bedeutet, dass das Tier **keine natürlichen Feinde** hat. Es wird also von keinem anderen Tier gefressen.

Gibt es ein natürliches Gleichgewicht, dann finden **alle Tiere genug Nahrung**. Außerdem vermehren sie sich nicht zu schnell, weil ihre **natürlichen Feinde** manche von ihnen fressen.

Das ist die **Kiefer**. Ihre Nadeln sind lang und wachsen paarweise.

Nenne zwei Löschmittel, die du kennst.

Warum solltest du eine Kerze auspusten, bevor du einen Raum verlässt?

Unter welcher Telefonnummer erreichst du die Feuerwehr?

Nenne vier Aufgaben der Feuerwehr.

Warum ist es Pflicht, Rauchmelder oder Feuermelder in den Zimmern anzubringen, in denen sich Menschen oft aufhalten?

Welcher dieser Stoffe brennt nicht?

Papier, Benzin, Gummi, Sand, Holz, Öl

Dein Zimmer brennt! Holst du noch schnell dein Lieblingsspielzeug aus dem brennenden Zimmer, um es zu retten?

Nenne zwei Gründe, warum du bei einem Brand den Aufzug nicht benutzen solltest.

Warum sollte man bei einem Brand Türen und Fenster schließen?

Deine Kleidung brennt! Was solltest du tun?

Ihr habt ein Lagerfeuer gemacht. Was macht ihr, wenn Wind aufkommt?

Bei einem großen Waldbrand fällt die Feuerwehr Bäume, die noch nicht brennen. Warum?

Könntest du auf einem fernen Planeten ein Feuer entzünden?

Was bräuchtest du dazu?

Wann ist es auch Kindern erlaubt, Kerzen anzuzünden oder ein Lagerfeuer zu entfachen?

In welche Richtung fällt dein Schatten, wenn die Sonne abends untergeht?

Welche Kartenzeichen sehen sich ähnlich?

Zeltplatz und Berg oder Leuchtturm und Laubbaum?

Erfinde einen eigenen (Quatsch-)Spruch, um dir die Himmelsrichtungen merken zu können. So ähnlich wie:

NIE OHNE SEIFE WASCHEN!

Norden, Osten, Süden und Westen sind die Haupthimmelsrichtungen. Wie heißen die vier Nebenhimmelsrichtungen?

Im Laufe eines Tages dreht sich die Erde einmal um sich selbst.

Richtig oder falsch?

Wann ist dein Schatten am kürzesten?

Morgens, mittags oder abends?

In welchen **zwei Verkehrsmitteln** findest du sicher einen Kompass:

Motorrad, Flugzeug, Bus, Auto oder Schiff?

Warum gibt es auf Stadtplänen Planquadrate?

Zeichne folgende Kartenzeichen mit dem Finger auf den Tisch:

Ruine
Brücke
Nadelbaum

Wie nennt man das Kästchen auf einer Landkarte, in dem die Kartenzeichen erklärt werden?

Du schaust nach Osten. Welche Himmelsrichtung liegt rechts von dir?

In welcher Himmelsrichtung ist die Sonne nie zu sehen?

Satellitenschüsseln zeigen oft nach …

Norden, Osten, Süden oder Westen?

Wie fanden Seefahrer früher auch ohne Kompass den richtigen Weg?

Die Feuerwehr soll …

löschen, **bergen**, **retten** und **schützen**.

112

Unter dieser Nummer kannst du übrigens in ganz Europa und zum Teil auch auf anderen Kontinenten Hilfe holen.

Die Kerze könnte etwas in Brand setzen, das sich in ihrer Nähe befindet, zum Beispiel, weil sie umfällt.

Die bekanntesten Löschmittel sind **Wasser** oder **Feuerlöscher** (gefüllt mit Pulver oder Schaum).

Bei einem Brand entsteht Rauch, sodass sich die **Aufzugtüren nicht mehr schließen**. Außerdem könnte der Strom ausfallen und der **Aufzug bleibt plötzlich stehen**.

Nein! Das Wichtigste ist, dass du dich in Sicherheit bringst. Sind andere Menschen in der Nähe, dann schreist du laut „Feuer", so dass auch sie sich in Sicherheit bringen können.

Sand gehört zu den nicht brennbaren Stoffen.

Ein Brand könnte ausbrechen, **ohne dass die Bewohner etwas merken**, weil sie zum Beispiel schlafen. Der laute **Warnton** des Rauchmelders macht die Menschen auf das Feuer **aufmerksam**.

Die Feuerwehr **entzieht** dem Feuer dadurch **brennbares Material**, so dass es sich nicht weiter ausbreiten kann.

Durch den Wind bekommt das Feuer zusätzlich Sauerstoff, die Funken können sich verbreiten und einen Brand auslösen. Am besten **löscht ihr das Lagerfeuer**.

Du **wälzt dich auf dem Boden**, damit das Feuer ausgeht. Zusätzlich kannst du dich **in einen Teppich** oder **eine Decke wickeln**, wenn sie nicht aus leicht entzündlichem Material bestehen.

Durch das Schließen von Türen und Fenstern wird dem Feuer **Sauerstoff entzogen**, so dass es sich nicht weiter ausbreiten kann.

Zeltplatz und Berg sehen sich ähnlich!

Die Sonne geht im Westen unter. Dein Schatten fällt also Richtung **Osten**.

Kinder sollten niemals alleine Feuer machen, aber **unter Aufsicht** und Anleitung eines Erwachsenen ist das **erlaubt**.

Ja, das wäre möglich, wenn es auf dem Planeten **Sauerstoff**, **brennbares Material** und eine **hohe Temperatur** gibt, um das Feuer zu entzünden.

Mittags, da die Sonne hoch am Himmel steht. Morgens und abends steht sie tiefer und die Schatten sind länger.

Das ist **richtig**. So entstehen Tag und Nacht. Die Sonne bewegt sich nicht, die Erde dreht sich um sich selbst (und in einem Jahr einmal um die Sonne).

Die Nebenhimmelsrichtungen heißen:

Nordosten
Nordwesten
Südosten
Südwesten

Du hast dir sicher etwas Lustiges ausgedacht. Wichtig ist dabei die richtige Reihenfolge:

N – O – S – W

Die **Legende** erklärt, was die Kartenzeichen bedeuten.

Damit man sich **schneller orientieren** kann. Durch die Angabe des Planquadrates weißt du, wo du auf dem Plan eine Straße oder einen Ort finden kannst.

Flugzeuge und **Schiffe** haben immer Kompasse.

Sie orientierten sich **tagsüber am Stand der Sonne** und **nachts am Polarstern**, der fast genau im Norden steht.

Satellitenschüsseln zeigen oft **nach Süden**.

Im **Norden** ist die Sonne nie zu sehen.

Rechts von dir liegt **Süden**, wenn du nach Osten schaust.

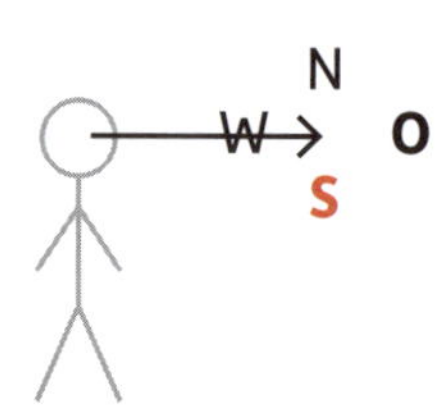

Welchen Namen hat die Blindenschrift noch?

Was kann dein Auge alles sehen, wenn du aus dem Fenster siehst?

Nenne drei Oberbegriffe.

Wann kannst du nicht gut sehen?

Nenne drei Erklärungen.

Was ist ein Sehfeld?

Was passiert mit deiner Pupille, wenn du bei schönem Wetter eine Sonnenbrille aufsetzt?

Beschreibe, wie eine Blindenbinde aussieht.

Welche Aufgabe hat der Sehnerv?

Welche Aufgabe haben Lid und Wimpern gemeinsam?

Wer bewahrt das Auge vor Stößen und Schlägen?

Warum haben Fische keine Augenbrauen?

Male mit dem Finger ein Auge auf den Tisch und benenne drei Teile.

Katzen sehen nachts besser als Menschen. Haben Katzen Pupillen, die sich weiter öffnen oder die sich enger zusammenziehen?

Wie kannst du deine Augen beim Sport vor Gefahren schützen? Nenne zwei Beispiele.

Welcher Teil des Auges verrät deine Augenfarbe?

Welche Formen von Energie erzeugen Strom?

Nenne drei Geräte in der Schule, die Strom verbrauchen.

Nenne drei Arten der Stromerzeugung, die erneuerbare Energieträger verwenden.

In Deutschland kann man keine Glühbirnen mehr kaufen. Es gibt stattdessen Energiesparlampen. Warum?

Nenne zwei Tipps zum Energiesparen, die du in deinem Kinderzimmer anwenden kannst.

Warum darf man einen CD-Spieler keinesfalls auf den Badewannenrand stellen?

Welche Stromquellen kennst du? Nenne zwei.

Nenne drei Leiter und drei Isolatoren.

Welches Wort ist falsch?

Damit Strom fliegen kann, müssen der Stromkreis und der Schalter geschlossen sein.

Eine Batterie hat zwei Pole. Wie heißen sie?

Male die Symbole für einen offenen und einen geschlossenen Schalter mit dem Finger auf den Tisch.

Nenne zwei Möglichkeiten, im Haushalt Strom zu sparen.

Warum sind erneuerbare Energien so wichtig für unsere Zukunft?

In einem Stromkreis ist das Lämpchen der ...? Fülle die Lücke mit einem Fachbegriff.

Das Sehfeld ist der **Bereich, in dem wir etwas sehen können**. Was außerhalb des Sehfeldes liegt, sehen wir nicht.

Wenn sich etwas **zu schnell** bewegt, **zu weit** weg ist, es schon **zu dunkel** ist oder es sich am **Rand deines Sehfeldes** befindet.

Das Auge sieht **Entfernungen** (nah/fern), **Kontraste** (hell/dunkel), **Farben** (rot, gelb ...), **Formen** (eckig, rund ...), **Bewegungen** (schnell ...), **Größen** (klein/groß).

Die Blindenschrift heißt auch **Braille-Schrift**. Sie ist nach ihrem Erfinder Louis Braille benannt.

Lid und Wimpern **schützen** das Auge davor, dass Fremdkörper (zum Beispiel Staub oder Schmutz) ins Auge gelangen.

Der Sehnerv **leitet** alle **Informationen**, die er über das auf der Netzhaut entstandene Bild hat, **zum Gehirn** weiter.

Eine Blindenbinde ist ein **gelbes Band mit drei schwarzen Punkten**, das normalerweise am Oberarm getragen wird.

Die Sonnenbrille bewirkt, dass sich deine **Pupille vergrößert**. Das Auge „denkt“, es wäre dunkler.

Die Pupille der Katze **öffnet sich weiter als die Pupille des Menschen**. Daher fällt mehr Licht ins Auge und die Katze kann nachts, auch bei schwachem Licht, besser sehen.

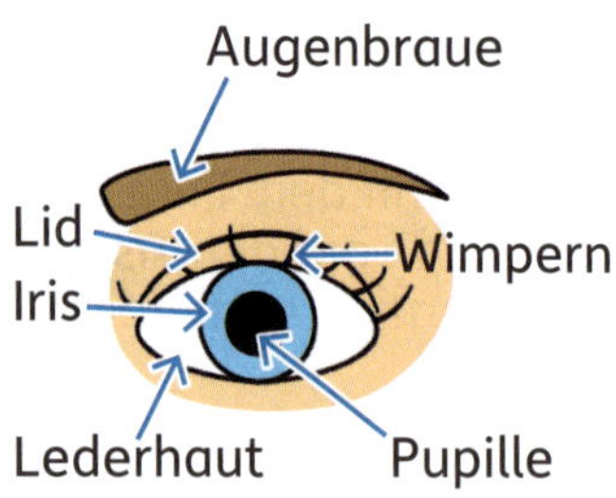

Augenbrauen schützen das Auge vor Schweiß. Ein Fisch lebt im Wasser und selbst, wenn er schwitzen könnte, **würde das Wasser den Schweiß abwaschen**.

Die **Augenhöhle** schützt das Auge vor Stößen und Schlägen. Das Auge liegt geschützt in dieser Höhle, die von den Schädelknochen umgeben ist. Auch die Lederhaut schützt.

Licht, Whiteboard, Dokumentenkamera, Beamer, CD-Spieler, Schulgong, Sprechanlage, Heizung ...

Strom erzeugt **Kälte** und **Wärme**, **Bewegung**, **Licht**, **Bild** und **Ton**.

Die **Iris/Regenbogenhaut** ist eigentlich ein Muskelring, der der Pupille beim Verkleinern oder Vergrößern hilft. Sie enthält farbige Zellen, die du als Augenfarbe sehen kannst.

Beim Sport schützt du deine Augen am besten durch das Tragen einer **Schutzbrille** (zum Beispiel beim Hockey), **Schwimmbrille**, **Taucherbrille** oder **Sonnenbrille**.

Der CD-Spieler **könnte ins Wasser fallen**. Wasser leitet Strom. Der Mensch in der Badewanne erleidet dann einen **Stromschlag**.

Immer nur kurz lüften, dafür mehrmals am Tag. Kein Stand-by-Modus bei Elektrogeräten. Licht aus, wenn keiner im Zimmer ist.

Glühbirnen verbrauchen sehr viel mehr Energie als Energiesparlampen. **Um Strom zu sparen**, werden in Deutschland keine Glühbirnen mehr hergestellt.

Solaranlagen, **Wasserkraftwerke**, **Windkraftanlagen** oder **Biogasanlagen** sind Kraftwerke, die mit erneuerbaren Energien arbeiten.

Die Pole einer Batterie heißen **Plus-Pol** und **Minus-Pol**.

Fliegen ist falsch! Damit Strom **fließen** kann, müssen der Stromkreis und der Schalter geschlossen sein.

Leiter: Wasser, Metall, Kohle, Erde

Isolatoren: Holz, Kunststoff, Glas, Porzellan, Gummi, Luft

Batterie, Akku, Steckdose, Solarzelle, Generator

In einem Stromkreis ist das Lämpchen der **Verbraucher**.

Erneuerbare Energien, wie Wind oder Sonnenlicht, stehen **unbegrenzt zur Verfügung**. Sie sind umweltfreundlicher. Endliche Brennstoffe, wie Kohle oder Erdöl, sind irgendwann aufgebraucht.

Waschmaschine und Geschirrspülmaschine nur **voll befüllt anschalten**. Kühlschranktür **nicht lange offen lassen**. Topf und Herdplatte sollten **gleich groß** sein.

Wie heißen die Medien, die von sehr vielen Menschen genutzt werden?

Warum sind für die Verbreitung von Nachrichten elektronische Medien sehr wichtig?

Nenne vier Tricks, mit denen die Werbung arbeitet.

Warum solltest du jeden Tag nur eine mit deinen Eltern vereinbarte Zeit vor dem Tablet, Computer oder Handy sitzen?

Wie kannst du es vermeiden, dass du falschen Informationen aus dem Internet glaubst?

Nenne zwei Medien, bei denen du die Informationen nur hören und nicht sehen kannst.

Warum machen Stars, wie zum Beispiel Fußballspieler oder Schauspieler, Werbung für Produkte?

Du fährst mit dem Bus durch eine Stadt. Wo kannst du überall Werbung entdecken? Nenne drei Beispiele.

Woher weißt du, ob ein Film für dein Alter geeignet ist?

Welche Medien dienen vor allem der Kommunikation?

Nenne drei Beispiele.

Welche Vorteile hat Fernsehwerbung im Vergleich zu Radiowerbung?

Nenne zwei.

Welches Wort fehlt hier?

Werbung möchte über Produkte informieren und sie verkaufen. Dabei sagt sie immer die Wahrheit.

Was bedeutet das Wort „Medien"?

Nenne jeweils zwei Beispiele für Printmedien und elektronische Medien.

Was tust du, nachdem du mit der Rettungsleitstelle telefoniert hast?

Nur Personen über 18 Jahren dürfen einen Notruf absetzen.

Richtig oder falsch?

Welche fünf W-Fragen sollst du beantworten, wenn du einen Notruf absetzen musst?

Warum legt man eine Person in die stabile Seitenlage?

Welche Verletzungen sollte man kühlen?

Nenne drei Beispiele.

Du hast Nasenbluten. Was tust du?

Warum muss die Haut um die Wunde trocken sein, wenn man ein Pflaster anlegen möchte?

Was passiert bei einem Schock im Körper?

Woran merkst du, dass eine Person bewusstlos ist?

Nenne zwei Kennzeichen.

Wann sollte man den Körper des Verletzten warm halten?

Nenne zwei Beispiele.

Nach einem Notruf solltest du für Notarzt oder Feuerwehr weiterhin erreichbar sein.

Richtig oder falsch?

Was ist falsch?
Eine Person, die einen Schock hat, soll:
- warm gehalten werden.
- am Kopf gekühlt werden.
- in die Schocklage gelegt werden.

Warum schneidest du aus einem Kniepflaster seitlich Dreiecke heraus?

Wie legst du eine Person in die Schocklage, wenn du keine Hilfsmittel hast?

Digitale Medien machen Spaß, so dass manche **süchtig werden**. Sie vergessen die Zeit und kommen nicht mehr dazu, sich ausreichend zu bewegen oder Freunde zu treffen.

Tricks der Werbung sind:
- tolle Werbesprüche
- bunte Farben, Formen und Schriften
- einprägsame Logos
- ansprechende Musik
- Stars/bekannte Personen
- tolle Versprechen

Viele Menschen haben Zugang zu elektronischen Medien. Sie sind annähernd **überall** bei uns verfügbar. Die Informationen können außerdem sehr **schnell verbreitet** werden.

Medien, die von sehr vielen Menschen genutzt werden, heißen **Massenmedien**.

Werbung findest du überall: auf **Plakaten** im Bus, an Haltestellen oder Plakatwänden, auf **Plastiktüten**, Litfaßsäulen, Zeitungsständern, **Schaufenstern** ...

Die Firmen, die die Produkte herstellen, erhoffen sich, dass es Menschen gibt, die diese Stars super finden und darauf hören, was die **Stars** ihnen **empfehlen** (nämlich das **Produkt** zu **kaufen**).

Im **Radio** und am **Telefon** (hier ist nicht das Smartphone gemeint) kannst du Informationen nur hören.

Am besten **liest** du auf mehreren Seiten im Internet oder auch in Büchern/Zeitschriften **nach**, ob das Gelesene wahr ist. Auch ein **Gespräch** mit Erwachsenen und Freunden kann dir helfen.

Hier fehlt das Wort „**nicht**".

Werbung möchte über Produkte informieren und sie verkaufen. Dabei sagt sie **nicht** immer die Wahrheit.

Radiowerbung wirkt über coole Sprüche, tolle Musik und Werbeversprechen. Im Fernsehen kommen **auffällige Formen, Farben und Schriften dazu**. Außerdem sind das **Produkt und das Logo zu sehen**.

Telefon, **Briefe** und Postkarten dienen zumeist der Kommunikation. Aber auch Handys oder Computer werden verwendet, um Kontakt zueinander aufzunehmen.

Natürlich können deine **Eltern am besten einschätzen**, ob ein Film für dich geeignet ist. Zur Orientierung gibt es bei Filmen eine Altersempfehlung (FSK).

Das ist **falsch**. Jeder darf einen Notruf absetzen, der Hilfe für sich oder jemand anderen braucht.

Nach dem Anruf bei 112 **bleibst du bei dem Verletzten**. Du kümmerst dich um ihn und beruhigst ihn, **bis der Notarzt da ist**.

Printmedien: Buch, Zeitung, Zeitschrift, Plakat ...

Elektronische Medien: Handy, Computer, Tablet, Radio ...

Medien bedeutet „**Vermittler**".

Du hältst den **Kopf nach vorne**. Dann drückst du die **Nasenflügel leicht zusammen**. Es hilft auch, wenn du dir etwas **Kühles in den Nacken** legst.

Beulen, Insektenstiche, den Nacken bei Nasenbluten, Prellungen und Verbrennungen sollte man kühlen.

Die stabile Seitenlage **verhindert**, dass die verletzte Person an ihrem **Erbrochenen erstickt**. Daher ist es immer wichtig, den **Kopf** leicht nach hinten zu **überstrecken**.

Die 5 W-Fragen sind:
Wer ist am Telefon?
Wo ist der Unfall passiert?
Was ist passiert?
Wie viele Verletzte gibt es?
Welche Verletzungen gibt es?

Warm halten sollte man den Verletzten, wenn er **viel Blut verloren** hat, sich den **Kopf** stark **gestoßen** hat, an **Unterkühlung** leidet oder einen **Schock** erlitten hat.

Eine bewusstlose Person:
- antwortet nicht,
- reagiert nicht auf Schmerz,
- ist nicht kitzlig,
- kannst du nicht aufwecken.

Bei einem Schock sammelt sich das **Blut in der Körpermitte** und versorgt nur noch die wichtigsten Organe mit Sauerstoff.

Das Pflaster **hält leider nicht**, wenn es auf feuchte Haut aufgeklebt wird. Daher musst du die Haut um die Wunde mit einem sauberen Tuch trocken tupfen.

Schocklage ohne Hilfsmittel: Verletzte Person liegt **auf dem Rücken**. Du kniest dich an ihr Fußende und legst **ihre Füße auf deine Schultern**.

Damit du das Knie **weiterhin bewegen kannst**. Ein Pflaster, das seitlich eingeschnitten wurde, spannt nicht über der Wunde und lässt mehr Bewegungsfreiheit zu.

Falsch ist, dass die Person, die einen Schock hat, am Kopf gekühlt werden sollte. Der Körper sollte warm gehalten werden.

Ja, das ist **richtig**. Normalerweise fragt dich die Person, mit der du telefonierst, unter welcher Telefonnummer sie dich bei Rückfragen erreichen kann.

Orientierung und Karte I

1

oder:

jeder richtige Buchstabe = 1/2 P
farbige Spitze = 1 P

2 Nordosten, Südosten, Südwesten und Nordwesten

3 Zuerst nehme ich den Kompass **waagrecht** in die Hand und halte ihn ganz **ruhig** . Dann warte ich bis sich die **Kompassnadel** nicht mehr bewegt. Nun drehe ich das **Gehäuse** so lange, bis die **rote Spitze** der Kompassnadel auf Norden der **Windrose** zeigt.

4

- Auf einer Landkarte ist oben immer
- Gegenüber von Osten liegt
- Den Polarstern findet man nachts im
- Mein Schatten fällt niemals in Richtung
- Ich schaue nach Süden. Links von mir ist
- Das **ohne** in „Nie ohne Socken wandern" steht für

- Osten.
- Westen.
- Norden.
- Süden.

5 In **Beet C** würden die Blumen nicht gut wachsen. = 1/2 P

Das Beet ist auf der **Nordseite des Hauses**. Dort wird es **nicht von der Sonne beschienen**, denn die Sonne scheint im Norden nicht. Das Beet liegt so die meiste Zeit des Tages **im Schatten des Hauses**. = 1 P

6

Süden

Westen

Osten

7
- **Satellitenschüsseln** und **Solarzellen** sind oft (aber nicht immer!) nach **Süden** ausgerichtet.
- In den **Bergen** bleibt der Schnee auf **Nord**hängen länger liegen.
- Alte Kirchen haben ihren **Kirchturm** oft im **Westen** und den **Altarraum** im **Osten**.
- An freistehenden Bäumen wachsen **Moose** und Flechten auf der **Westseite des Baumstamms**. (Achtung: Stimmt nicht immer!)
- **Bäume neigen** sich nach **Osten** (wenn sie in einer Westwindzone stehen).

9

10

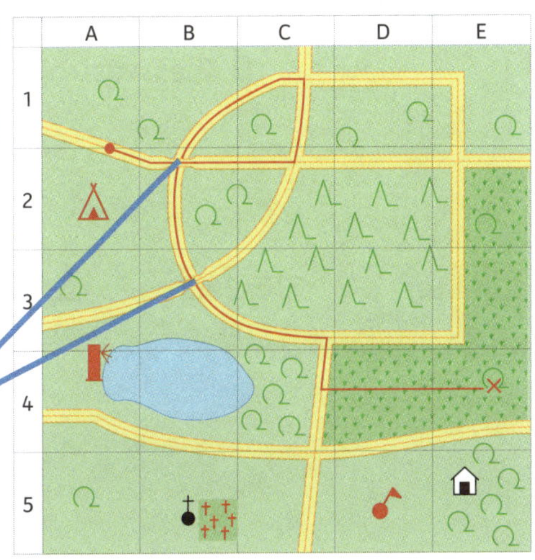

Beachte: An diesen Stellen sind Brücken. Hier kannst du nicht abzweigen.

8 Ina hat **nicht den Stundenzeiger**, sondern den Minutenzeiger in **Richtung Sonne** gedreht.

Punkte	27-25,5	25-21,5	21-17,5	17-13	12,5-7	6,5-0
Note	1	2	3	4	5	6

Orientierung und Karte II

1 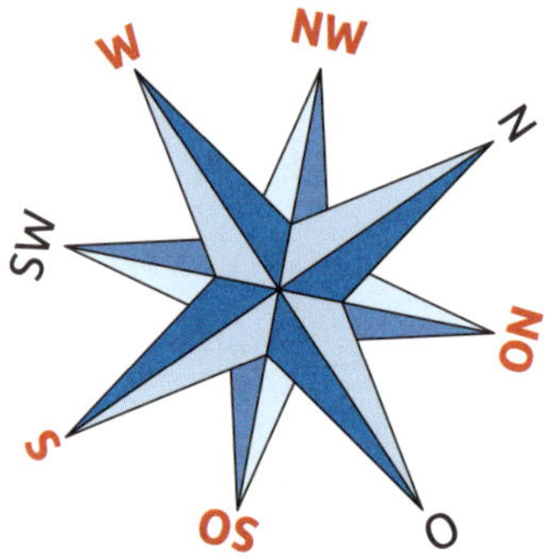

2 Gehäuse, Kompassnadel, Windrose

3 Tagsüber kann ich die Himmelsrichtungen am Stand der **Sonne** ablesen. Morgens geht sie im **Osten** auf. Mittags finde ich sie im **Süden** und abends geht sie im **Westen** unter. Im **Norden** ist sie nie zu sehen.

4 Er muss ...
- das **Gehäuse waagrecht** und **ruhig** halten
- warten, bis die **Kompassnadel ruhig** steht
- das Gehäuse **drehen**, bis die Kompassnadel mit der **roten Spitze zum N** der Windrose zeigt
- die **Himmelsrichtungen ablesen**

5 ☒ **Durch Planquadrate kann man sich auf einer Karte leichter zurechtfinden.**
☒ **Die Vogelperspektive zeigt eine Landschaft von oben.**
☒ **Jeder Stadtplan hat eine Legende.**
◯ SW ist auf einer Karte in der Ecke links oben.

jeder richtig angekreuzte oder nicht angekreuzte Satz = 1/2 P

6 Am **Polarstern**, einem Stern im Sternbild des Kleinen Wagens/Kleinen Bären, könnte sich der Segler orientieren. Er steht **fast genau im Norden**.

7 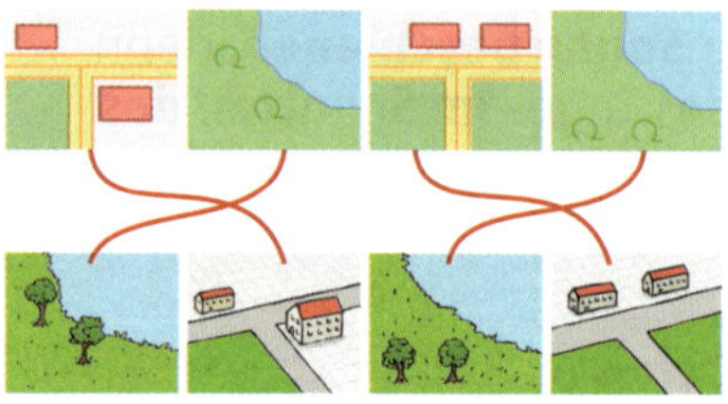

8

Ruine		Kranken-haus		**Gasthof**	
Nadel-baum	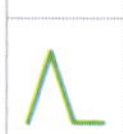	Bahn-hof		**Höhle**	
Turm		Wiese	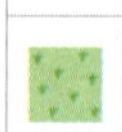	**Bahnlinie**	

9a Töpferstraße
b F1
c Mühlenbach/Schlachterstr./Haus an der Schlachterstr.
d Plessenstraße
e 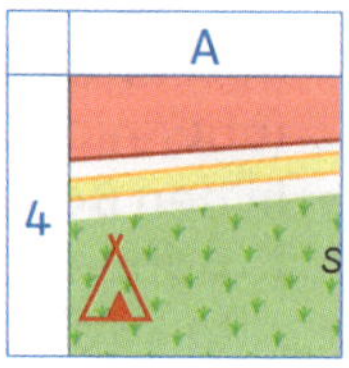

Punkte	**30-28,5**	**28-24**	**23,5-19,5**	**19-14,5**	**14-7,5**	**7-0**
Note	**1**	**2**	**3**	**4**	**5**	**6**

Auge

1

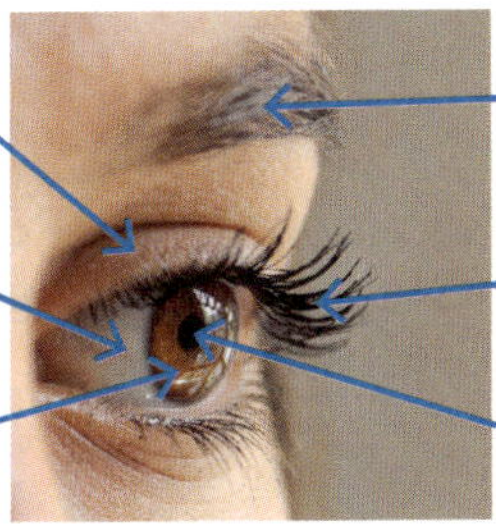

2

Augenhöhle/Lederhaut	Stößen und Schlägen
Wimpern	**Staub und Schmutz**
Pupille/Lid	Helligkeit
Augenbrauen	**Schweiß**
Tränendrüse/Tränenflüssigkeit/Lid	Austrocknung

3 Iris/Regenbogenhaut

4 Im **Dunkeln** sind die **Pupillen erweitert**, das heißt, sie sind groß. Macht Anna das **Licht an**, **verengen** sie sich, das heißt, die Pupillen werden kleiner.

5 Du musst nur drei dieser Lösungen nennen.

Farben, Formen, Bewegung, Größe und Entfernung

6

Ausflug bei schönem Wetter	nicht in die Sonne schauen, Sonnenbrille tragen
Schwimmen im Freibad	nicht in die Sonne schauen, Schwimmbrille/Taucherbrille tragen
Fernsehen	ausreichend Abstand zum Fernseher einhalten

7 Tastsinn und Gehörsinn (Bei Ampeln, die nur einen Vibrationsalarm haben, hilft ebenfalls der Tastsinn.)

8 Sprechende Geräte (Uhr, Waage, Farberkennungsgerät, Thermometer, ...), Blindenstock, Blindenhund, Blindenbinde

10 jedes passende Kreuz = 1/2 P

	richtig	falsch
Unser Auge kann Lautstärke wahrnehmen.	○	☒
Alles, was **außerhalb** des Sehfeldes liegt, sehen wir unscharf. Was **außerhalb** liegt, sehen wir **gar nicht**.	○	☒
Nachtaktive Tiere haben Pupillen, die sich sehr weit öffnen können. So können sie auch das wenige Restlicht, das es nachts gibt, gut nützen und etwas sehen. Ist es wirklich stockdunkel, sehen sie übrigens auch nichts.	☒	○
Man sollte nie direkt in die Sonne blicken.	☒	○

Punkte	21-19,5	19-16,5	16-13,5	13-10	9,5-5	4,5-0
Note	1	2	3	4	5	6

Elektrizität I

1 Wärme Licht Bewegung

2 Familie Grün möchte den Strom vom Wasserkraftwerk bekommen, da der Rohstoff Wasser zu den **erneuerbaren Energien** zählt. Bei der Stromgewinnung entstehen **keine Abgase**. Kohle ist ein **endlicher Rohstoff** und irgendwann verbraucht. Ein Kohlekraftwerk erzeugt **Treibhausgase** (CO_2). **Klimaschutz** ist der Familie wichtig.

3
- ◯ Statt elektrischem Licht immer Kerzen verwenden.
- ☒ **Die Kühlschranktür schnell schließen.**
- ◯ Die Wäsche mit der Hand waschen.
- ☒ **Den Fernseher immer ganz ausschalten, kein Stand-by.**
- ☒ **Licht nur dann anschalten, wenn man es wirklich braucht.**
- ◯ Immer ohne Topfdeckel kochen.

jeder richtig angekreuzte oder nicht angekreuzte Satz = 1/2 P

4 Schnur | Glas | Kunststoff | **Kohle** | **Eisen** | **Wasser**

jedes richtig angemalte oder nicht angemalte Feld = 1/2 P

5 **Beide Lämpchen** gehen aus, das heißt, sie **leuchten nicht mehr**. = 1 P Anna hat durch das Herausdrehen des einen Lämpchens aus seiner Fassung **den geschlossenen Stromkreis unterbrochen**. = 1 P

6

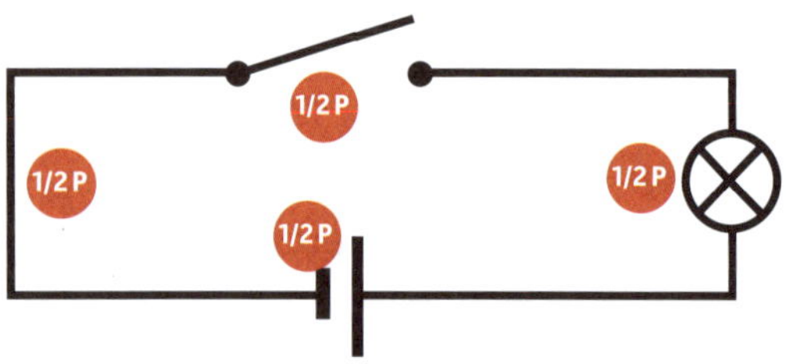

7 Strom kann nur fließen, wenn der Stromkreis **geschlossen** ist. Ich kann den Stromkreis unterbrechen, indem ich einen **Schalter** einbaue. Stoffe, die Strom leiten, nennen wir **Leiter**. Stoffe, die keinen Strom leiten, heißen **Nichtleiter**/**Isolatoren**.

8

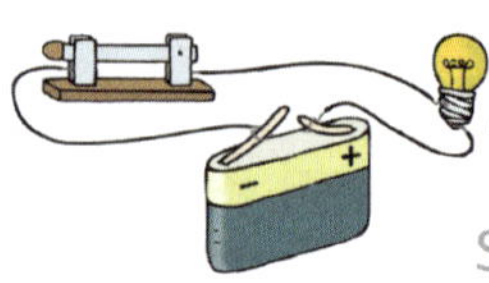

geschlossener Stromkreis

Ein Kabel muss zum Pluspol führen.

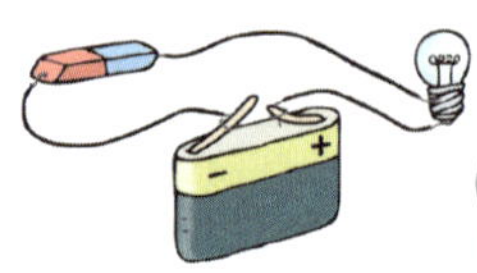

Ein Radiergummi (Kunststoff) leitet nicht.

9a Dieses Verhalten ist **lebensgefährlich**. **Wasser leitet Strom**. Fällt der Fön ins Wasser, erleidet das Kind einen möglicherweise tödlichen Stromschlag.

b
- Nicht auf einen **Hochspannungsmasten** klettern.
- Nicht neben einem Hochspannungsmasten **Drachen** steigen lassen.
- Keine **Gegenstände in die Steckdose** stecken.
- Keine Geräte mit **kaputten Kabeln** verwenden.
- Bei einer **Reparatur** das Gerät vom **Stromnetz trennen**.

10 Holz und Kunststoff **leiten beide keinen Strom**. Sie sind Nichtleiter. Der Elektriker könnte also **beide Schraubenzieher** für seine Arbeit **verwenden**, ohne einen Stromschlag zu bekommen. Wichtig: Bei der Arbeit mit Elektrizität sollte man immer sehr vorsichtig sein!

11 Die verletzte Person sollte **nicht angefasst** werden, da zuerst überprüft werden muss, ob sie noch mit Strom verbunden ist. Der menschliche **Körper kann Strom leiten**, so dass auch der **Helfer einen Stromschlag erleiden** könnte.

Punkte	**29-27,5**	**27-23**	**22,5-18,5**	**18-14,5**	**14-7**	**6,5-0**
Note	**1**	**2**	**3**	**4**	**5**	**6**

Elektrizität II

1 Auf diese Frage gibt es viele richtige Antworten. Hier ein paar Beispiele:

Bewegung	Ventilator, Waschmaschine, Bohrmaschine, CD-Player
Licht	alle Arten von Lampen (Deckenlampe, Nachttischlampe, Ampel, ...)
Wärme	Fön, Herd, Wasserkocher, Backofen, Heizlüfter
Bild/Ton	Fernseher, Tablet, Smartphone

2 Du musst je nur zwei dieser Lösungen nennen.

Gründe **für** den Solarpark: Sonnenlicht ist eine **erneuerbare Energie**, **keine Abgase** bei der Stromerzeugung, Sonnenlicht ist **kostenlos**

Gründe **gegen** den Solarpark: Stromproduktion ist **vom Sonnenlicht abhängig**, braucht **viel Platz**, **Lebensraum für Mensch und Tier geht verloren**, sieht **nicht schön** aus

3

Die Kühlschranktür mache ich möglichst ~~langsam~~ wieder zu.	**schnell**
Ich lasse die Waschmaschine nur laufen, wenn sie möglichst ~~leer~~ ist.	**voll**
Energiesparlampen benötigen ~~mehr~~ Strom als Glühbirnen.	**weniger**

4 Die **Heizung** braucht die **meiste Energie**. Deshalb sollte sie nur an sein, wenn es **wirklich nötig** ist. Ist die Heizung an, solltest du nur **stoßlüften** und nicht dauerhaft das Fenster öffnen.

5 Regeln **im Freien**:

- Nicht auf einen **Hochspannungsmasten** klettern.
- Nicht neben einem Hochspannungsmasten **Drachen** steigen lassen.

Regeln **im Haus**:

- Keine **Gegenstände in die Steckdose** stecken.
- Keine Geräte mit **kaputten Kabeln** verwenden.
- Bei einer **Reparatur** das Gerät vom **Stromnetz trennen**.
- Keine **elektrischen Geräte** in der Nähe von **Wasser** betreiben.

6

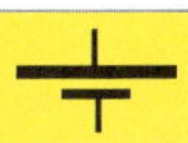	Verbraucher	⊗
Lämpchen	Stromquelle	Draht
Batterie	———	Elektrischer Leiter

7 Stromquelle und Leiter

8

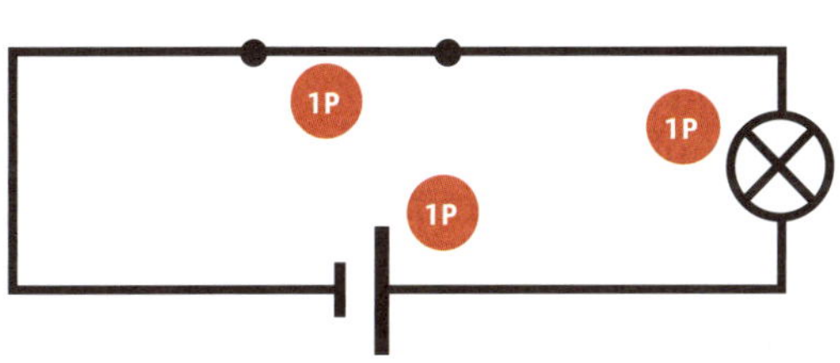

9

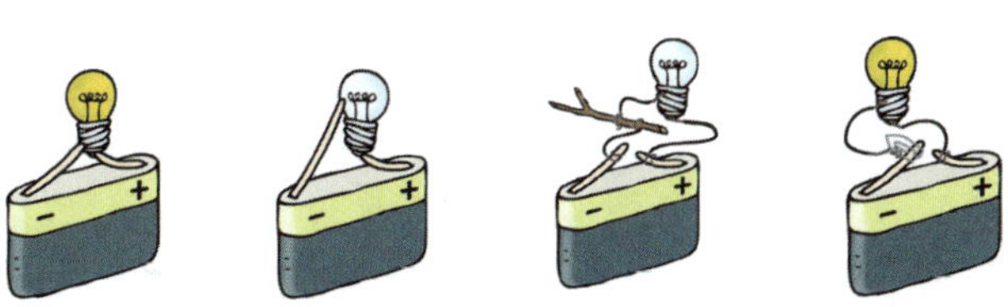

10 **Wasser leitet Strom.** Schlägt der **Blitz** in das Wasser ein, dann können Menschen, die sich darin aufhalten, einen **lebensgefährlichen Stromschlag** erleiden.

Punkte	29-27,5	27-23	22,5-18,5	18-14,5	14-7	6,5-0
Note	1	2	3	4	5	6

Medien

1 Um mit anderen Menschen zu

kommunizieren.

~~komplizieren.~~

Um

~~Infusionen~~

Informationen

auszutauschen.

Um sich die

Zeit

~~Zeitung~~

zu vertreiben.

2 Als Beispiele in dieser Frage eignen sich alle Medien, die im Wissensteil genannt werden.

Printmedien werden auf **Papier** gedruckt. Drei Beispiele für Printmedien sind **Zeitung**, **Zeitschrift** und **Buch**. Außerdem gibt es noch **elektronische** Medien. Dazu gehören **Fernseher**, **Computer** und **Handy**/**Smartphone**.

3 Welche Medien nutzt jemand,

... der Informationen an einen einzelnen Menschen weitergeben möchte? → **Telefon, Brief, Postkarte, Nachricht über das Handy ...**

... der Informationen an viele Menschen weitergeben möchte? → **Fernsehen, Radio, Nachricht über Smartphone an eine Gruppe, Plakat, Flyer, Zeitung ...**

4 „Das Internet vergisst nichts!" bedeutet, dass Inhalte, die über das Internet verbreitet werden, auch **über Jahre noch sichtbar sind** und man sie nicht komplett löschen kann.

5 **Nein** = 1/2 P, denn die Informationen aus einem einzigen Text aus dem Internet **müssen nicht richtig** und vollständig sein. Daher sollte man sie **mit mehreren anderen Texten vergleichen**. = 1 P

6 Das **Internet** = 1/2 P ist in diesem Fall die sinnvollere Informationsquelle, da die **Informationen aktueller** sind. = 1 P

7
- ☒ **Ich sollte täglich nicht mehr als 30 Minuten fernsehen.**
- ○ Meine Fotos sollte ich im Internet für jeden sichtbar machen.
- ☒ **Ich achte darauf, dass der Film zu meinem Alter passt.**
- ○ Alles, was ich im Internet lesen kann, ist richtig.
- ☒ **Im Internet verwende ich vor allem Webseiten für Kinder.**
- ☒ **Eine Zeitbegrenzung hilft mir, nicht zu lange vor elektronischen Medien zu sitzen.**

jeder richtig angekreuzte oder nicht angekreuzte Satz = 1/2 P

8 Die Werbung möchte damit ...
- ins Auge fallen und Interesse wecken.
- im Gedächtnis bleiben.
- zum Kauf überreden.
- Gesprächsanlass mit anderen sein.

9 Werbung für Alkohol, Zigaretten oder **ungesunde Lebensmittel** (wie zum Beispiel Süßigkeiten oder Softdrinks) verführt dazu, das Produkt zu kaufen, und stellt es **als cool und ungefährlich** dar, obwohl es der **Gesundheit schadet**.

Punkte	22-20,5	20-17,5	17-14	13,5-11	10,5-5,5	5-0
Note	1	2	3	4	5	6

Mittelalter

1 ☒ 1020 ○ 2007 ☒ 1370 ○ 250 ○ 1825

2 ~~Alle Ritter waren auch Burgherren.~~
Ritter zu sein war im Mittelalter ein Beruf.
~~Alle Menschen konnten Ritter werden.~~
~~Ritter beschützten nur reiche Leute.~~
Eine Blide ist eine Wurfmaschine.
Ein „Kniebuckel" ist ein Teil der Ritterrüstung.

jeder richtig durchgestrichene oder nicht durchgestrichene Satz = 1/2 P

3 Um Ritter zu werden, wurden die Jungen mit sieben Jahren zu **Pagen** ausgebildet. Sie unterstützten den Ritter und arbeiteten in der **Küche** und im **Stall**. Mit 14 Jahren wurden sie zum **Knappen** befördert. Sie begleiteten den Ritter zu **Turnieren** und Kämpfen . Dort waren sie verantwortlich für Waffen und Pferde. Die **Schwertleite** erfolgte mit etwa 21 Jahren.

4 Die Sportarten bereiteten den Pagen auf seine **Aufgaben als Ritter** vor. Er musste **schnell**, **ausdauernd** und **wendig** sowie ein **ausgezeichneter Reiter** sein und gut mit seinen **Waffen umgehen** können.

5 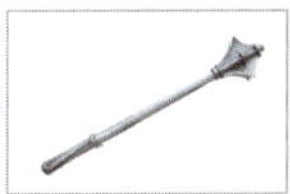 Streitkolben  Lanze

6 Tjost

7

K	Palas	K	Kemenate
K	Brunnen	V	Stall
V	Gesindehäuser	K	Bergfried

8 Burggraben, Pechnase, Torhaus mit Zugbrücke und Falltür, hohe Wehrmauern, Wehr-/Ecktürme

9 Steinburgen sind **stabiler** und **brennen nicht** so leicht ab wie Holzburgen.

10 Schwache/Wehrlose beschützen, Treue gegenüber dem Herrscher, kämpferische Geschicklichkeit, Mut, Ehrlichkeit, Gerechtigkeit, Großzügigkeit

11 **Ritterrüstungen** waren oft sehr **schwer**, sodass der Ritter es oft nicht geschafft hätte, alleine aufs Pferd zu steigen.

Punkte	**22-20,5**	**20-17,5**	**17-14**	**13,5-11**	**10,5-5,5**	**5-0**
Note	**1**	**2**	**3**	**4**	**5**	**6**

Erste Hilfe

1 „Erste Hilfe“ bedeutet, dass sich jemand um die Verletzungen des gestürzten Radfahrers **kümmert**, noch **bevor ärztliche Hilfe eintrifft**. Dazu gehört es auch, einen **Notruf abzusetzen**, wenn die verletzte Person so schwere Verletzungen hat, dass sie nicht zu einem Arzt gebracht werden kann.

2a 112 (= allgemeine Notrufnummer, gilt in ganz Europa) oder 110 (= Notrufnummer der Polizei)

b **Wer** ist am Telefon? **Wo** ist es passiert? **Was** ist passiert? **Wie viele** Verletzte gibt es? **Welche** Verletzungen gibt es?

c ~~Ich lege sofort auf~~.
~~Ich laufe nach Hause~~.
Ich beantworte Rückfragen.
Auch nach dem Telefonat kümmere ich mich um den Verletzten.

jeder richtig durchgestrichene oder nicht durchgestrichene Satz = 1/2 P

3
- ☒ **Um sich und den Verletzten vor Krankheiten zu schützen.**
- ○ Damit sie keine kalten Hände bekommen.
- ○ Zur Sicherheit, denn die Handschuhe leuchten hell im Dunkeln.

mehrere Kreuze oder ein falsches Kreuz = 0 P

4 die Haut um die Wunde muss **trocken sein**, eventuell Einmalhandschuhe anziehen, **Pflaster** passend zur Größe der Wunde **zuschneiden**, seitliche **Dreiecke einschneiden**, **Wundauflage nicht berühren**, Pflaster vorsichtig **aufkleben**, mit dem **Klebestreifen nicht die Wunde berühren**

5
- ○ Kopf in den Nacken legen
- ☒ **Nasenflügel leicht zudrücken**
- ☒ **Nacken kühlen**
- ☒ **Kopf nach vorne halten**
- ○ auf den Rücken legen
- ○ Nacken wärmen

jeder richtig angekreuzte oder nicht angekreuzte Stichpunkt = 1/2 P

6 Die Person, die einen Schock erlitten hat, **friert** und zittert, ist **unruhig** und ängstlich, hat eine **blasse Hautfarbe** und ihr **Schweiß ist kalt**.

7 jeder passend angekreuzte Satz = 1/2 P

	richtig	falsch
Den Notarzt rufen.	☒	○
Langsam spazieren gehen – Bewegung ist gut.	○	☒
Mit einer Decke zudecken, um die Person zu wärmen.	☒	○
Ins Bett bringen, damit sie sich gesund schlafen kann.	○	☒
Die Beine hoch lagern.	☒	○

8a

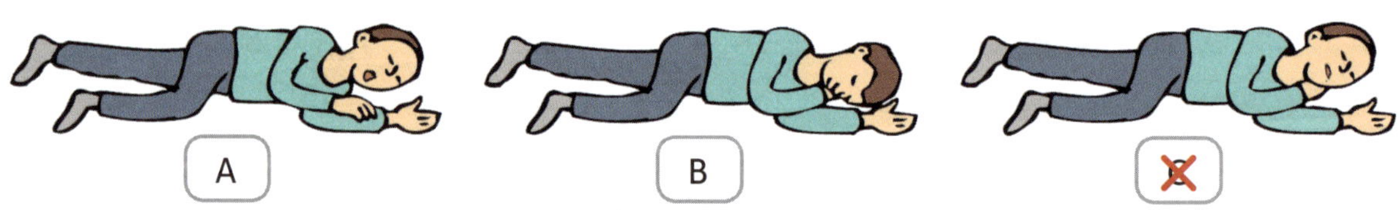

b Bild **A**: Die rechte **Hand unter den Kopf** legen, damit der Kopf stabil liegt.
Bild **B**: Den **Kopf leicht nach hinten überstrecken**, damit die bewusstlose Person nicht an ihrem Erbrochenen ersticken kann.

9 **Nein** = 1/2 P, die stabile Seitenlage ist nicht sinnvoll. Sie muss nur bei bewusstlosen Personen angewendet werden. Eine Person, die sprechen kann, ist **nicht bewusstlos**. = 1 P

Punkte	**27-25,5**	**25-21,5**	**21-17,5**	**17-13**	**12,5-7**	**6,5-0**
Note	**1**	**2**	**3**	**4**	**5**	**6**

Orientierung und Karte

1 **Ergänze die fehlenden <u>Himmelsrichtungen</u>.**

/2,5

2 **Nenne <u>drei Teile</u>, die zu einem <u>Kompass</u> gehören.**

/3

3 **Fülle die <u>Lücken</u> im Text mit <u>sinnvollen Wörtern</u>.**

Tagsüber kann ich die Himmelsrichtungen am Stand der ________ ablesen. Morgens geht sie im ________ auf. Mittags finde ich sie im ________ und abends geht sie im ________ unter. Im ________ ist sie nie zu sehen.

/5

4 **Simon schaut auf seinen <u>Kompass</u> und dreht ihn hin und her. Verwirrt meint er: „Das N für Norden kann ja überall sein!“ Erkläre ihm mit <u>Fachbegriffen</u>, wie er seinen Kompass <u>richtig verwendet</u>.**

/3

5 **Kreuze die <u>richtigen Aussagen</u> zum Umgang mit Karten an.**

- ◯ Durch Planquadrate kann man sich auf einer Karte leichter zurechtfinden.
- ◯ Die Vogelperspektive zeigt eine Landschaft von oben.
- ◯ Jeder Stadtplan hat eine Legende.
- ◯ SW ist auf einer Karte in der Ecke links oben.

/2

6 **Ein Segler hat bei einer Nachtfahrt auf dem Meer die Orientierung verloren, da sein Kompass ausgefallen ist. Wie kann er nachts ohne Hilfsmittel die Himmelsrichtungen bestimmen?**

____

____

/1

7 **Ordne jedem Plan die passende Schrägsicht zu. Verbinde.**

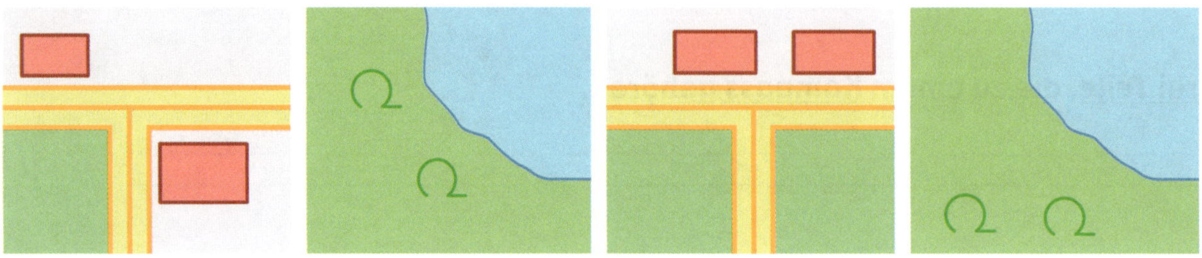

/4

8 **Zeichne die passenden Kartenzeichen dazu und schreibe auf die freien Zeilen, was die Kartenzeichen bedeuten.**

Ruine		Kranken-haus		____________	
Nadel-baum		Bahnhof		____________	
Turm		Wiese		____________	

/4,5

9 **Kennst du dich mit dem Stadtplan aus? Beantworte die Fragen.**

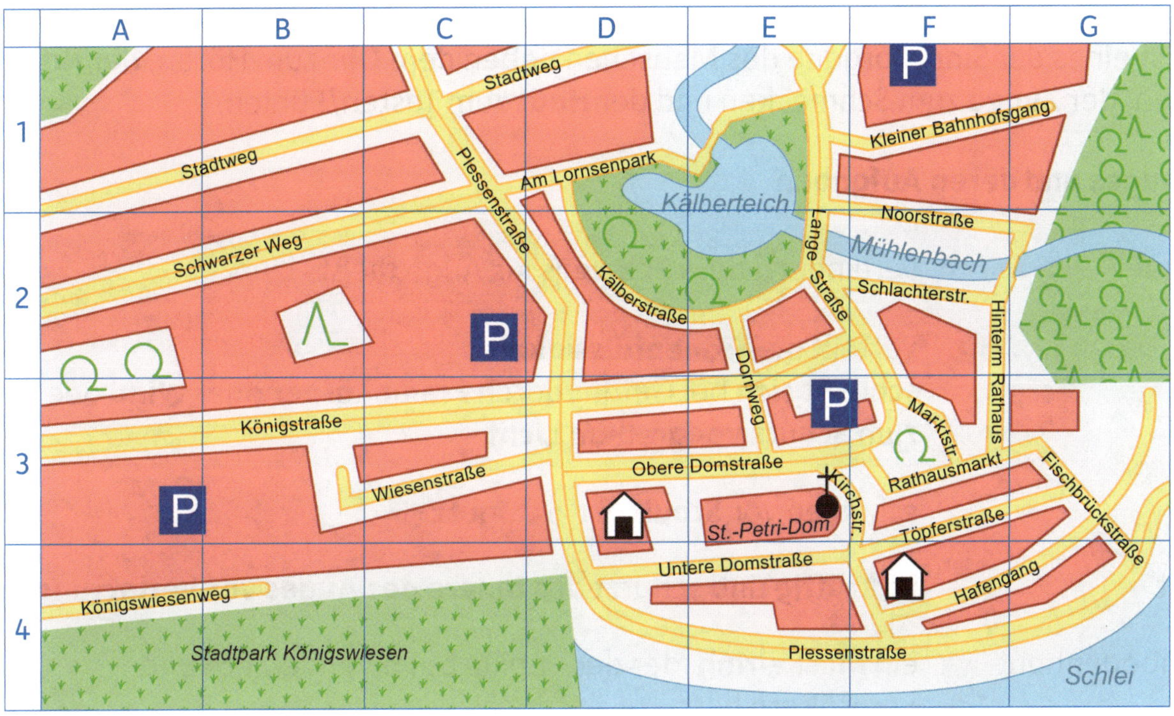

a **Du verlässt den St. Petri-Dom an seinem östlichen Ausgang, gehst die Straße in Richtung Süden und biegst dann gleich an der nächsten Kreuzung nach Osten ab. In welcher Straße befindest du dich?**

b **In welchem Planquadrat liegt das Parkhaus am „Kleiner Bahnhofsgang“?**

c **Du wohnst in einem Haus in der Noorstraße. Was siehst du, wenn du aus einem Fenster Richtung Süden blickst?**

d **Auf welche Straße gelangst du, wenn du die Wiesenstraße nach Osten gehst?**

e **Zeichne am westlichen Ende des Stadtparks Königswiesen, das du auf der Karte sehen kannst, das Kartenzeichen für einen Campingplatz ein.**

/5

Von 30 Punkten hast du ______ erreicht.

Das Auge – ein wichtiges Sinnesorgan

Das Auge ist eines der Sinnesorgane des Menschen neben dem **Ohr** zum Hören, der **Nase** zum Riechen, der **Zunge** zum Schmecken und der **Haut** zum Tasten/Fühlen.

Teile des Auges und deren Aufgaben

Augenbraue	verhindert, dass **Schweiß** ins Auge fließt
Lid	verteilt die **Tränenflüssigkeit** schließt sich bei Gefahr durch **Fremdkörper** oder **Wind** oder zum Schutz vor **grellem Licht**
Wimpern	schützen vor **Staub** und **Schmutz**
Lederhaut	ist **kräftig** und schützt das **Innere des Auges vor Verletzungen**
Iris/Regenbogenhaut	ein **Muskelring**, der der Pupille beim Verkleinern und Vergrößern hilft
Pupille	zieht sich bei **Helligkeit** zusammen vergrößert sich bei **Dunkelheit**
Tränendrüse	produziert Tränenflüssigkeit: sie spült **Fremdkörper** heraus, schützt vor **Austrocknung**
Augenhöhle	schützt vor **Stößen** und **Schlägen**

So funktioniert das Sehen

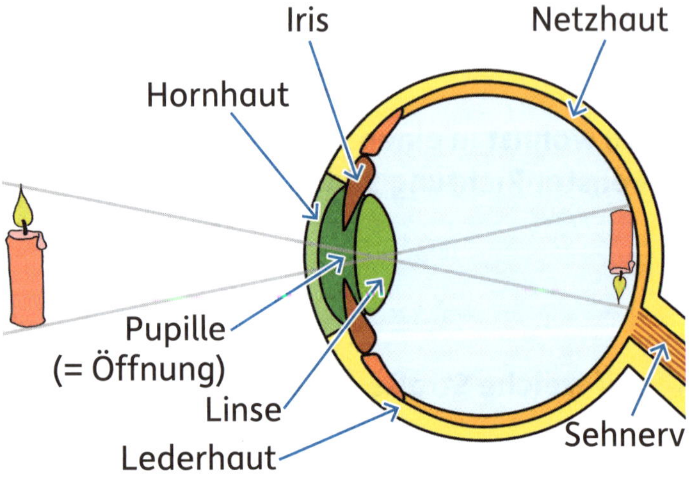

- Das **Licht** fällt auf einen **Gegenstand**.
- Der Gegenstand **reflektiert** das Licht, das heißt: er wirft das Licht zurück.
- Das Licht gelangt durch die **Pupille** und die **Linse** in das **Innere des Auges**.
- Die Lichtpunkte werden **„falsch“ herum** auf der **Netzhaut** abgebildet.
- Viele **Informationen** zu diesem „Lichtbild“ werden auf der Netzhaut gesammelt (Farbe, Formen, Helligkeit ...).
- Die Informationen werden über den **Sehnerv** ans **Gehirn** weitergeleitet.
- Im Gehirn werden alle Informationen zu einem **Bild** „richtig“ herum zusammengesetzt.

Was sieht das Auge alles?

hell/dunkel	rot, blau ...	rund, eckig ...	schnell, langsam	groß, klein	nah, fern
Kontraste	Farben	Formen	Bewegung	Größe	Entfernung

Grenzen unserer Sehfähigkeit

Wir können nichts oder nicht so gut sehen, wenn ...

- es zu **dunkel** ist.
- etwas zu **schnell** ist.
- es **hinter** uns ist (außerhalb des Sehfeldes).
- wenn etwas zu **weit weg** ist.

Unser Sehfeld:

Schutz des Auges

Unseren Augen drohen viele Gefahren. So können wir sie schützen:

- Auf ausreichende **Beleuchtung** (beim Lesen oder Schreiben) achten.
- Genügend **Abstand** zu Bildschirmen (Computer, Fernseher, Handy) oder beim Lesen/Schreiben halten.
- Bei hellem Licht eine **Sonnenbrille** tragen und nicht direkt in die Sonne schauen.
- Beim Baden eine **Schwimmbrille** oder **Taucherbrille** tragen.
- Vorsichtig mit **spitzen Gegenständen** und **gefährlichen Flüssigkeiten** (Schutzbrille) umgehen.
- **Zugluft** vermeiden.

Blind sein

Manche Menschen können nicht sehen, da sie ihr Augenlicht durch einen **Unfall** oder eine **Krankheit** verloren haben oder schon **von Geburt an** blind sind. Die **anderen Sinne** sind dafür **besser ausgeprägt**, das heißt, blinde Menschen können oft besser hören, tasten, riechen oder schmecken.

Diese **Hilfsmittel** können Blinden den Alltag erleichtern:

- gelb-schwarze Blindenbinde am Arm
- Blindenschrift (Braille-Schrift)
- Blindenstock/Blindenhund
- Laute oder Vibrationen an der Fußgängerampel
- sprechende Uhr/Waage/Thermometer
- Gerät zur Farberkennung

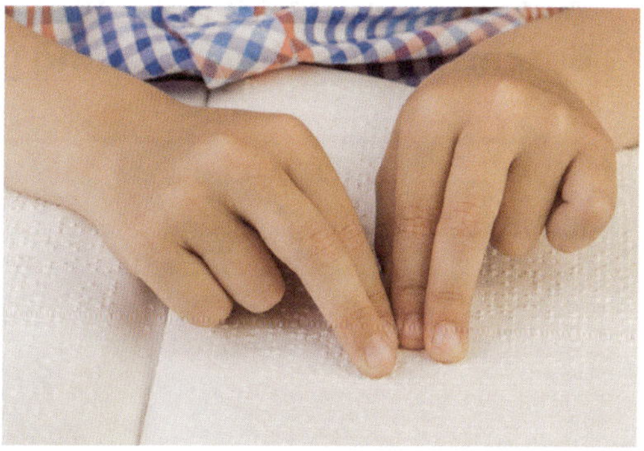

Das Auge

1 **Beschrifte die Teile des Auges mit Fachbegriffen.**

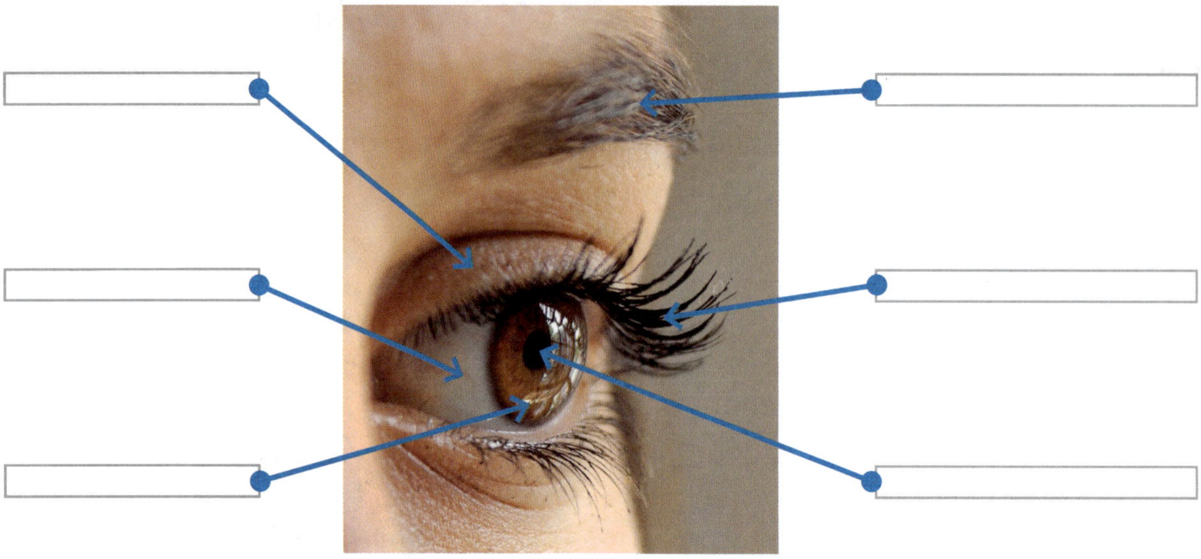

/3

2 **Jedes Teil des Auges hat eine Aufgabe. Fülle die Tabelle fertig aus.**

Welches Teil bin ich?	Schutz vor ...
	Stößen und Schlägen
Wimpern	
	Helligkeit
Augenbrauen	
	Austrocknung

/5

3 **Wie heißt der Teil des Augapfels, an dem man die Augenfarbe erkennen kann?**

/1

4 **Anna liegt in ihrem dunklen Zimmer und kann nicht einschlafen.**
Wie verändern sich ihre Pupillen, wenn sie das Licht anknipst?
Beschreibe ihre Veränderung genau.

/2

5 Was kann unser Auge neben Kontrasten (also Dunkelheit oder Helligkeit) noch wahrnehmen? Nenne drei Oberbegriffe.

/1,5

6 Nenne je ein Hilfsmittel oder eine Verhaltensweise, wie du dein Auge schützen kannst. Deine Antworten sollen sich nicht wiederholen.

Ausflug bei schönem Wetter	
Schwimmen im Freibad	
Fernsehen	

/3

7 Welche Sinne helfen blinden Menschen bei diesen Tätigkeiten?

Lesen der Blindenschrift →	
Überqueren der Straße an einer Ampel →	

/2

8 Nenne drei weitere Hilfsmittel (außer der Blindenschrift und einer Blindenampel), die Blinden den Alltag erleichtern können.

/1,5

9 Kreuze an: Richtig oder falsch?

	richtig	falsch
Unser Auge kann Lautstärke wahrnehmen.	◯	◯
Alles, was außerhalb des Sehfeldes liegt, sehen wir unscharf.	◯	◯
Nachtaktive Tiere haben Pupillen, die sich sehr weit öffnen können.	◯	◯
Man sollte nie direkt in die Sonne blicken.	◯	◯

/2

Von 21 Punkten hast du ______ erreicht.

Elektrizität – unsichtbare Energie

Wir nutzen viele elektrische Geräte im Alltag, die ihren Strom über die Steckdose (also vom Elektrizitätswerk) oder einer Batterie beziehen. Strom ist unsichtbar, aber seine Wirkung ist für uns sehr wertvoll.

Strom ist Energie in Form von

- **Wärme/Kälte** (Toaster, Backofen, Kühlschrank, Gefriertruhe …)
- **Bewegung** (Ventilator, Bohrmaschine, Waschmaschine …)
- **Licht** (Autoscheinwerfer, Blaulicht, Taschenlampe …)
- **Bild** und **Ton** (Fernseher, Tablet, Sirene …)

Stromerzeugung

Um Strom zu erzeugen, benötigt man **Energieträger**, wie z. B. Sonne, Wind, Wasser, Brennstoff, die in einem **Kraftwerk zu Strom umgewandelt** werden.

Kraftwerke mit endlichen Brennstoffen	Kraftwerke mit erneuerbaren Energien
• Wärmekraftwerke (Kohle, Erdgas oder Erdöl werden hier verbrannt) • Atomkraftwerke (Uran) ↓ Brennstoffe sind irgendwann **aufgebraucht**!	• Wasserkraftwerke • Windkraftwerke • Solaranlagen • Biogasanlagen ↓ Energieträger gehen nie aus (oder wachsen nach). Sie sind **unendlich**!

Gefahren im Umgang mit Strom – Tu das nie!

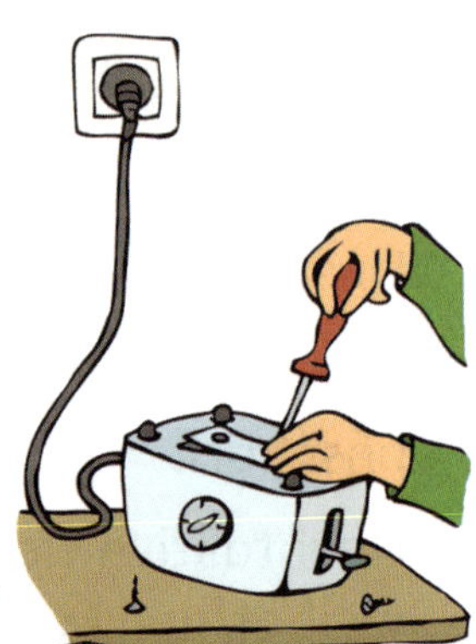

Überlege dir zu jeder Gefahr im Umgang mit Strom einen Merksatz und schreibe ihn auf!

So kannst du Strom/Energie sparen

Die Erzeugung von Strom kostet **viel Geld** und **belastet** unsere **Umwelt**. Daher sollten wir versuchen, Strom zu sparen.

- Vermeide den **Stand-by-Modus** bei möglichst vielen Geräten.
- Schalte das **Licht aus**, wenn du das Zimmer verlässt.
- Verwende **Energiesparlampen**.
- Lass **Waschmaschine** und **Geschirrspülmaschine** nur laufen, wenn sie **voll** sind.
- Achte beim Kauf von Elektrogeräten auf **energiesparende Modelle**.
- **Öffne** den **Kühlschrank** nur **kurz**.
- Die **Topfgröße** sollte mit der Größe der **Herdplatte übereinstimmen**.
- Viel Energie kannst du sparen, indem du im **Winter** das **Fenster nur kurz** zum Lüften öffnest, dafür mehrmals am Tag. (= Stoßlüften)

Strom fließt im Kreis

Ein **Stromkreis** muss **geschlossen** sein, damit **Strom fließen** kann. In diesem **Schaltplan** ist der **Stromkreis nicht geschlossen**, das heißt, es fließt **kein Strom**.

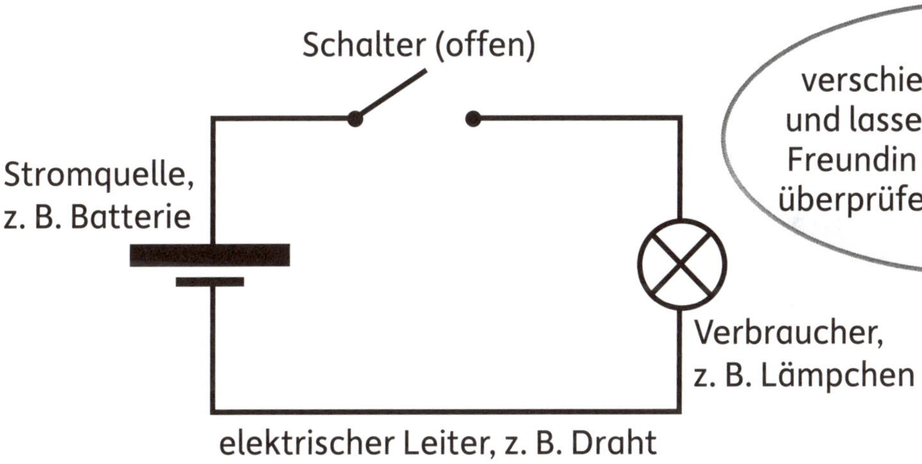

Steht ein **Schalter** auf „aus“, dann ist der Stromkreis **unterbrochen**.

Welche Stoffe leiten Strom?

Leiter leiten Strom, zum Beispiel Metall, Wasser, Kohle oder feuchte Erde.

Isolatoren (Nichtleiter) leiten keinen Strom, zum Beispiel Gummi, Glas, Porzellan, Holz, Kunststoff, Wolle oder Luft.

Die Pole einer Batterie

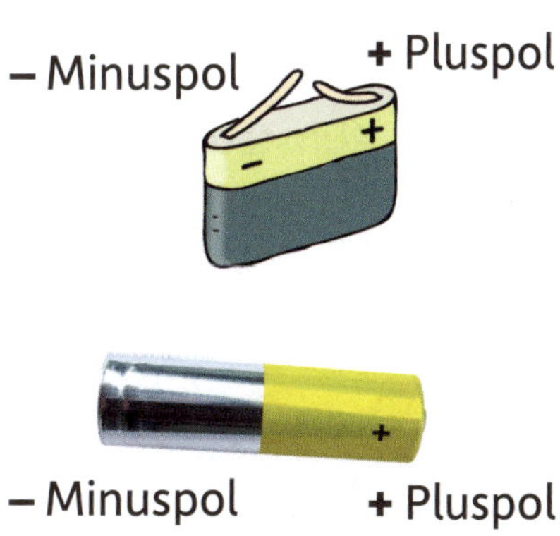

Der geschlossene Stromkreis

Der fließende Strom erhitzt den Glühdraht in der Lampe: Er leuchtet.

Elektrizität

1 Strom hilft uns im Alltag. Welche Form von Energie wird hier durch Strom erzeugt? Nenne drei unterschiedliche Beispiele.

/3

2 Familie Grün möchte den Stromanbieter wechseln. Statt den Strom von einem Kohlekraftwerk will sie in Zukunft ihren Strom von einem Wasserkraftwerk beziehen. Überlege warum und erkläre ihre Entscheidung ausführlich.

/2

3 Strom zu sparen ist wichtig. Kreuze an, wie du Strom sinnvoll sparen kannst.

- ◯ Statt elektrischem Licht immer Kerzen verwenden.
- ◯ Die Kühlschranktür schnell schließen.
- ◯ Die Wäsche mit der Hand waschen.
- ◯ Den Fernseher immer ganz ausschalten, kein Stand-by.
- ◯ Licht nur dann anschalten, wenn man es wirklich braucht.
- ◯ Immer ohne Topfdeckel kochen.

/3

4 Male nur Stoffe (Dinge) an, die Strom leiten.

Schnur | Kohle | Glas | Kunststoff | Wasser | Eisen

/3

5 **Anna baut einen Stromkreis mit zwei leuchtenden Lämpchen. Sie dreht nun ein Lämpchen aus der Fassung. Was passiert und warum? Beschreibe genau.**

/2

6 **Zeichne zu diesem Stromkreis einen Schaltplan.**

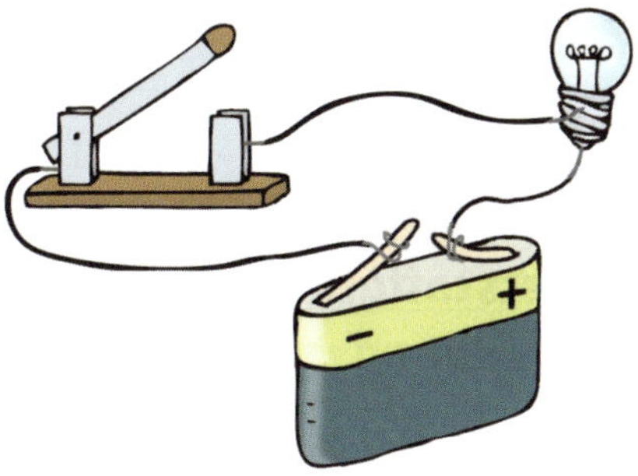

Schaltplan:

/2

7 **Setze passende Wörter in den Lückentext ein.**

Strom kann nur fließen, wenn der Stromkreis ________ ist. Ich kann den Stromkreis unterbrechen, indem ich einen ________ einbaue. Stoffe, die Strom leiten, nennen wir ________. Stoffe, die keinen Strom leiten, heißen ________.

/2

8 **Male in jedem Bild das Lämpchen nur an, wenn es tatsächlich leuchten kann.**

/3

9a Was sagst du zu diesem Verhalten? Erkläre genau.

/2

b Strom kann gefährlich sein. Nenne drei weitere Regeln, die du im Umgang mit Strom beachten musst.

/3

10 Im Baumarkt werden Schraubenzieher mit Holzgriff und mit Kunststoffgriff verkauft. Welchen Schraubenzieher würdest du einem Elektriker, der an Stromkreisen arbeitet, empfehlen?
Begründe deine Antwort.

/2

11 Der Notarzt kommt zu einem Stromunfall. Die verletzte Person liegt vor ihm am Boden. Warum sollte er sie zunächst nicht anfassen? Begründe.

/2

Von 29 Punkten hast du ______ erreicht.

Elektrizität

1 **Strom nutzen wir jeden Tag. Finde zu jeder Form von Energie ein passendes Elektrogerät.**

Bewegung	
Licht	
Wärme	
Bild/Ton	

/4

2 **Neben einer kleinen Ortschaft soll ein Solarpark entstehen. Nenne zwei Gründe, die für den Bau des Solarparks sprechen und zwei Gründe, die dagegen sprechen.**

Zwei Gründe **für** den Solarpark:

Zwei Gründe **gegen** den Solarpark:

/4

3 **Jeder von uns sollte Strom sparen. In jedem Satz hat sich ein falsches Wort versteckt. Streiche es durch und schreibe das richtige Wort in das Kästchen daneben.**

Die Kühlschranktür mache ich möglichst langsam wieder zu.	
Ich lasse die Waschmaschine nur laufen, wenn sie möglichst leer ist.	
Energiesparlampen benötigen mehr Strom als Glühbirnen.	

/3

4 In diesem Kreisdiagramm ist der <u>Energieverbrauch eines Haushalts</u> dargestellt. Welche <u>wichtige Regel zum Sparen von Energie</u> fällt dir dazu ein?

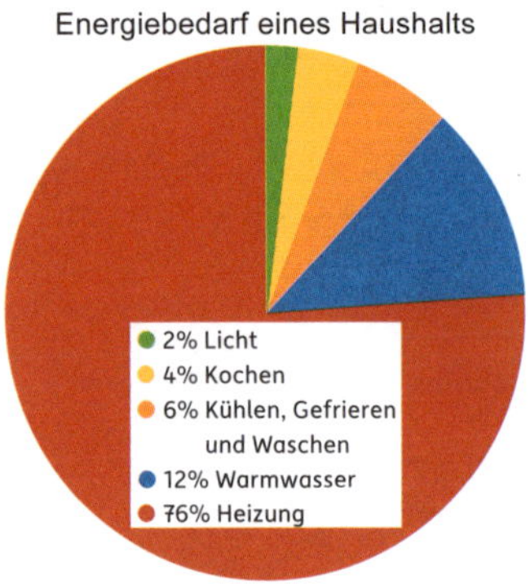

/2

5 Strom kann <u>lebensgefährlich</u> sein. Nenne <u>zwei Regeln</u>, die du <u>im Freien</u> beachten musst, und <u>zwei Regeln</u>, die dich <u>im Haus</u> vor Unfällen mit Strom schützen.

Im Freien:

Im Haus:

/4

6 Male in der <u>gleichen Farbe</u> an, was <u>zusammengehört</u>.

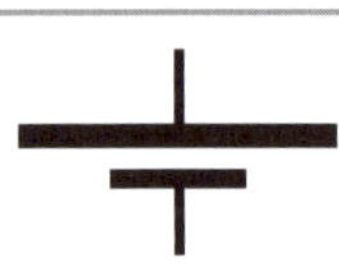	Verbraucher	
Lämpchen	Stromquelle	Draht
Batterie	———	Elektrischer Leiter

/3

7 Du möchtest in der Schule einen <u>geschlossenen Stromkreis</u> bauen und ein Lämpchen zum <u>Leuchten</u> bringen. Das Glühlämpchen hast du schon. Welche <u>zwei Teile</u> benötigst du noch?

/2

8 Zeichne einen Schaltplan. Der Stromkreis soll einen Schalter haben. Das Lämpchen leuchtet.

/3

9 Welche Lämpchen leuchten? Male sie an.

/2

10 Erkläre ausführlich, warum du diese Baderegel unbedingt einhalten musst.

/2

Von 29 Punkten hast du ______ erreicht.

Medien – ein ständiger Begleiter

Medien begegnen uns **überall**. Sie **erleichtern** unser **Leben**, aber bergen auch **Gefahren** in sich. **Richtiger Umgang** mit Medien ist **wichtig** für Kinder und Erwachsene.

Was sind Medien?

- „Medien“ bedeutet **Vermittler.**
- Sie sind **Mittel zur Weitergabe von Inhalten**, wie Filme, Bilder, Texte,Tonaufzeichnungen ...
- **Printmedien** werden auf Papier gedruckt: Zeitung, Zeitschrift, Buch, Plakat ...
- **Elektronische Medien** sind Fernseher, Telefon, Handy, Computer, Radio ...
- Sie dienen zur **Unterhaltung** und zur **Verbreitung von Informationen**.
- **Massenmedien** sind die Medien, die viele Menschen nutzen.

Möglichkeiten von Medien

- **Kommunikation**: Kontakte zwischen Menschen, die sich nicht gegenüberstehen, sind möglich.
- **Information**: Medien erleichtern uns das Sammeln von Informationen für ein Thema, z. B. bei einem Referat.
- Informationen können sehr **zeitnah** verbreitet werden.
- Medien machen Spaß und sind ein **angenehmer Zeitvertreib**.

Gefahren von Medien

- Das Verwenden von Medien (zum Beispiel Fernseher, Tablet ...) kann spannend sein und es fällt **schwer**, sie wieder **auszuschalten**.
- Ein Inhalt, den man ins Internet stellt (zum Beispiel ein Foto), bleibt dort über Jahre sichtbar – **das Internet vergisst nichts!**
- **Nicht alle Informationen**, die zu lesen, sehen oder hören sind, **sind** auch **richtig**.
- Die Inhalte sind **nicht für alle Altersstufen** geeignet.

Werbung

- möchte **über Produkte informieren** und uns **dazu bringen, sie zu kaufen**.
- findet man auf **Plakaten** oder **Prospekten**, im **Fernsehen**, im **Internet**, im **Schaufenster**, in der **Zeitung**, auf der **Litfaßsäule**, im **Radio** ...
- **Tricks** für erfolgreiche Werbung: auffällige **Schrift**, **Formen** und **Farben**, einprägsames **Logo** auf dem Produkt, lustige **Werbesprüche**, ansprechende **Musik** im Hintergrund, **Werbeversprechen**, **Stars** als Werbebotschafter, „**Superwörter**“, kostenlose **Beigaben** (zum Beispiel Sammelbildchen)

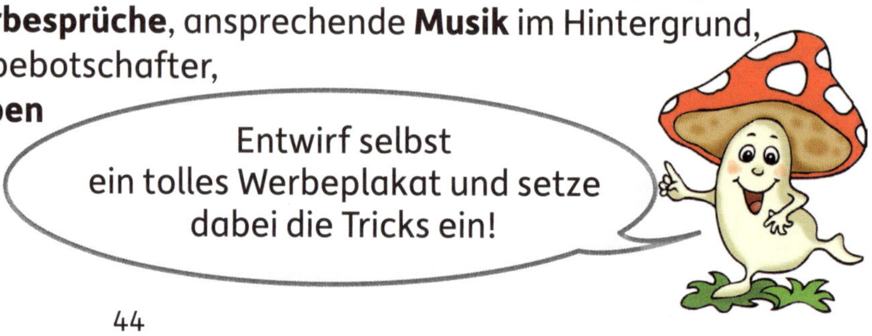

Medien

1 Wozu verwenden wir Medien? Streiche in jedem Satz das falsche Wort durch.

Um mit anderen Menschen zu
kommunizieren.
komplizieren.

Um
Infusionen
Informationen
auszutauschen.

Um sich die
Zeit
Zeitung
zu vertreiben.

/3

2 Ergänze die fehlenden Wörter im Text.

Printmedien werden auf ________ gedruckt. Drei Beispiele für Printmedien sind ________, ________ und ________. Außerdem gibt es noch ________ Medien. Dazu gehören ________, ________ und ________.

/4

3 Finde jeweils zwei Beispiele.

Welche Medien nutzt jemand,

... der Informationen an einen einzelnen Menschen weitergeben möchte?
→ ________
→ ________

... der Informationen an viele Menschen weitergeben möchte?
→ ________
→ ________

/4

4 Was bedeutet der Satz „Das Internet vergisst nichts!"?

____

____

____

/1

5 

Für mein Referat lese ich nur einen einzigen Text aus dem Internet. Das ist genug!

Ist das ein sinnvoller Tipp? Begründe deine Meinung.

____

______________________________ /1,5

6 Deine Familie möchte zum Campen fahren, doch der Campingplatz an der Nordsee ist überflutet. Dein Vater liest in der Zeitung nach, wie sich das Wetter dort entwickelt. Deine Mutter nutzt dazu das Internet.
Welche Informationsquelle findest du hier sinnvoller? Begründe.

____

______________________________ /1,5

7 Kreuze nur die sinnvollen Aussagen im Umgang mit Medien an.

- ◯ Ich sollte täglich nicht mehr als 30 Minuten fernsehen.
- ◯ Meine Fotos sollte ich im Internet für jeden sichtbar machen.
- ◯ Ich achte darauf, dass der Film zu meinem Alter passt.
- ◯ Alles, was ich im Internet lesen kann, ist richtig.
- ◯ Im Internet verwende ich vor allem Webseiten für Kinder.
- ◯ Eine Zeitbegrenzung hilft mir, nicht zu lange vor elektronischen Medien zu sitzen.

/3

8 Nenne zwei Gründe, warum die Werbung Tricks (wie auffällige Schrift, knallige Farben, lustige Sprüche oder berühmte Personen) einsetzt.

____

______________________________ /2

9 Wenn du jeder Werbung vertraust, kann das deiner Gesundheit schaden. Erkläre an einem Beispiel, warum das so ist.

____

______________________________ /2

Von 22 Punkten hast du ______ erreicht.

Das Mittelalter – Ritter und Burgen

Viele der **Burgen** in Europa entstanden im **Mittelalter** (etwa 6. – 15. Jahrhundert). In ihnen wohnten meistens **Adelsfamilien**. **Ritter** zu sein war damals ein **Beruf**.

Aufbau einer mittelalterlichen Burg

1 **Burggraben**

Vorburg

2 Burgtor mit Wehrtürmen, Zugbrücke und Fallgitter

3 Pechnase (zum Abwerfen von Steinen oder heißen Flüssigkeiten)

4 Wehrmauer mit Wehrgang und Zinnenkranz

5 Vorratshaus

6 Ställe/Scheune

7 Gesindehäuser (für Mägde und Knechte)

8 Wehrturm/Wachturm

Kernburg/innerer Burghof

9 Bergfried (guter Weitblick, zeigt Macht, Versteck für wertvollen Besitz)

10 Palas: Wohnhaus des Ritters mit beheiztem Zimmer (Kemenate)

11 Kapelle

12 Brunnen

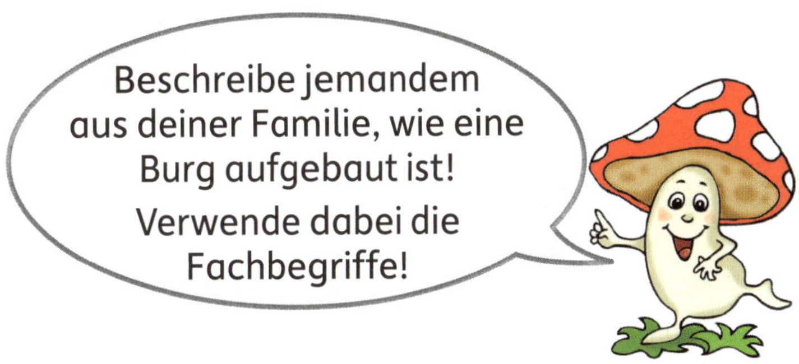

Verschiedene Arten von Burgen

benannt nach ihrer **Lage**	benannt nach ihren **Bewohnern**
Felsburg (auf Felsen erbaut)	**Adelsburg** (gehörte einem Adeligen)
Niederungsburg (auf einer Ebene erbaut)	**Fliehburg** (Schutzort für die Bevölkerung im Krieg)
Höhenburg (auf einer Anhöhe erbaut)	**Klosterburg** (für die Bewohner eines Klosters)
Wasserburg (in der Nähe von Wasser erbaut)	**Reichsburg** (gehörte dem König oder Kaiser; nach seinem Tod ging sie an den nächsten Herrscher über)

Ritter

- waren im Mittelalter schwer **bewaffnete** Krieger mit einem **Pferd**.
- kamen oft aus **reichen**, **adeligen Familien** und waren fast **immer Männer**.
- **kämpften für ihren Herrscher** und **erhielten dafür Geld**, durften auf einer **Burg wohnen** oder **bekamen ein Stück Land geliehen**, das sie von Bauern bewirtschaften ließen.
- **erbten** nur dann **Burg und Ländereien**, wenn sie der **erstgeborene Sohn** eines Adeligen waren, der eine Burg besaß. Nicht jeder Ritter hatte eine eigene Burg.
- mussten **viel Geld für ihre Ausrüstung** bezahlen. Daher gaben die **Bewohner** des Landes dem Burgherren einen **Teil der Ernte** oder ihrer **Tiere** ab, dafür **schützte** sie der Burgherr mit seinen Rittern vor Feinden.
- sollten die **Rittertugenden** befolgen: Schwache/Wehrlose beschützen, Treue gegenüber dem Herrscher, kämpferische Geschicklichkeit, Mut, Ehrlichkeit, Gerechtigkeit.

Ausbildung zum Ritter

Ausbildung als **Page**	Beförderung zum **Knappen**	**Schwertleite**
• Beginn mit 7 Jahren • am Hof eines Adeligen • Arbeiten in Küche/Stall • Unterstützung des Ritters • viele Sportarten: Bogenschießen, reiten, laufen, schwimmen ... • Unterricht im Lesen, Rechnen, Schreiben • Lernen von gutem Benehmen	• etwa mit 14 Jahren • Begleitung des Ritters bei Turnieren und Kämpfen • Hilfe beim Anlegen der Rüstung • Pflegen und Tragen der Waffen • Versorgung der Pferde • fortgeschrittener Unterricht im Umgang mit Waffen	• etwa mit 21 Jahren • Ritterschlag (ein leichter Schlag mit flacher Klinge meist auf die Schulter) • schwor seinem Herrscher die Treue • erhielt Helm, Schild und Schwert

Die Ritterrüstung

- war früher aus **Leder** oder ein **Ringpanzer** (Kettenhemd), später gab es den **Plattenpanzer** wie hier im Bild.
- wog etwa 20 bis 30 kg.
- ließ viel **Bewegungsfreiheit** zum Kämpfen.
- hatte **farbige Wappen** aufgemalt, so dass man erkennen konnte, wer sich darunter verbarg.
- Auch **Pferde** trugen zum Teil Rüstungen.

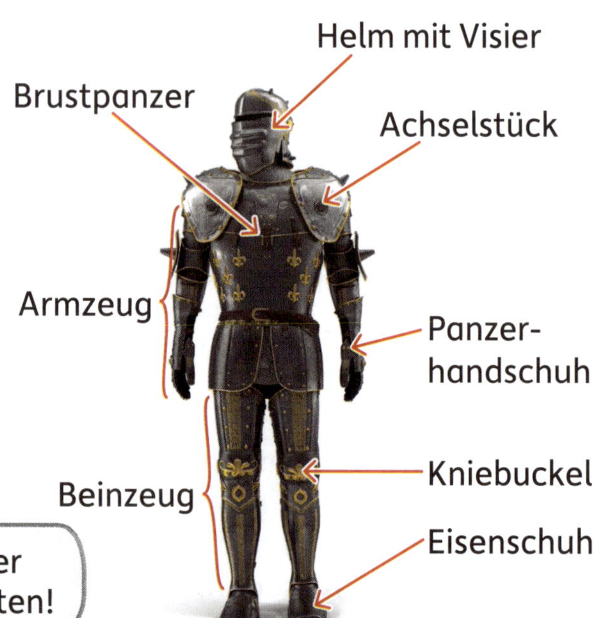

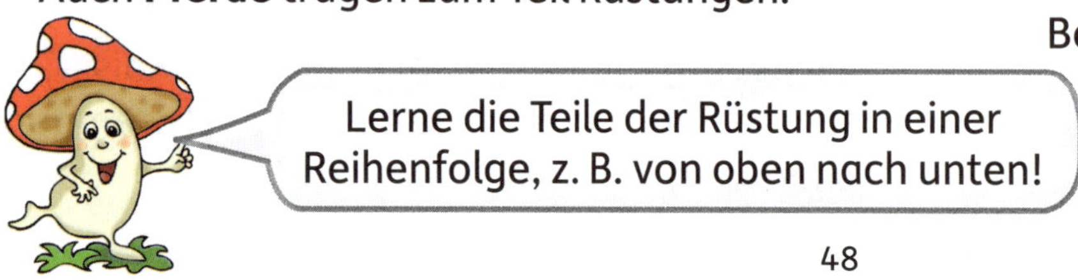

Waffen eines Ritters

		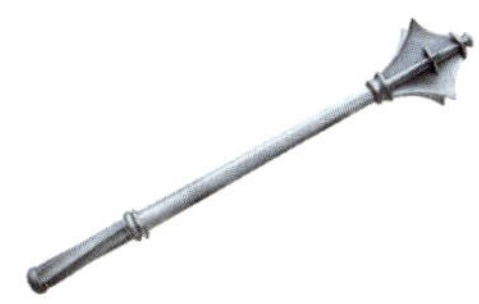		
Schwert	Streitaxt	Streitkolben	Ritterdolch	Lanze

Gerätschaften zur Eroberung einer Burg – Übernahme der Burg

- **Langbogen/Armbrust** (mit einer Reichweite von bis zu 500 m)
- **Blide** (Wurfmaschine, zum Beispiel für Steine bis zu 100 kg)
- **Sturmleiter** (lange Leitern, um die Burgmauern zu überwinden)
- **Belagerungsturm** (ein Turm aus Holz, über den die Angreifer direkt auf den Wehrgang klettern konnten)
- **Rammbock** (Holzgestell mit einem an Ketten aufgehängten zugespitzten Baumstamm mit Eisenkappe, oft mit Dach zum Schutz gegen Pfeile und herabfallende Steine)
- Ab dem späten Mittelalter (14./15. Jahrhundert) gab es **Schießpulver** für **Kanonen**.

Sobald die **Angreifer das Burgtor öffnen** konnten, hatten sie meist **gewonnen**. Die Zahl der Angreifer war oft höher als die der Burgbewohner. In der Regel wurde dann der Burgherr vertrieben und die Burg übernommen. Neben dem Einsatz von Gerätschaften gab es auch die Möglichkeit eine Burg zu belagern. Die Angreifer versuchten durch Aushungern der Burgbewohner die Übergabe der Burg zu erzwingen. Dazu positionierten sich die Angreifer rund um die Burg und machten ein Verlassen unmöglich.

Turniere

In Zeiten, in denen es keine Kriege gab, waren Turniere ein **wichtiges Training**, denn die Ritter erprobten ihre Geschicklichkeit, Schnelligkeit und Stärke. Gewinnen konnte man die **gesamte Ausrüstung des Gegners** oder ein **Lösegeld**. Turniere waren wie **Volksfeste**, auf denen die Adeligen ihren Reichtum zeigen konnten.
Es gab drei verschiedene **Arten von Turnieren**: Beim **Tjost** traten zwei Ritter im Lanzenstechen gegeneinander an. **Buhurt** und **Turnei** waren Gruppenkämpfe zwischen zwei Mannschaften. Aus dem Spiel wurde oft bitterer Ernst: Es konnte Verletzte und Tote geben.

Leben im Mittelalter

Die meisten Menschen im Mittelalter waren nicht Ritter, sondern **arme Bauern**, die den Gesetzen ihres Herren und der Kirche folgen mussten. So hatten sie zum Beispiel **hohe Steuern** zu zahlen. Bauer zu sein bedeutete für die ganze Familie **Schwerstarbeit**. So mussten **Frauen** und auch **Kinder** mit anpacken, um das Überleben zu sichern. Neben der **Feldarbeit** kümmerten sie sich um das **Vieh**, den **Garten** und die **Hausarbeit** – und das alles **ohne Strom**, denn den gab es damals noch nicht. Im Mittelalter **starben** vor allem **Kinder** oft schon früh, meist an **Krankheiten**, die noch nicht geheilt werden konnten. Die **Kirche** war allen Menschen **wichtig**. Deswegen gab es viele freie Feiertage.

Das Mittelalter

1 Welche Jahre gehören zum Mittelalter? Kreuze sie an.

○ 1020 ○ 2007 ○ 1370 ○ 250 ○ 1825 /1

2 Welche dieser Sätze sind falsch? Streiche sie durch.

Alle Ritter waren auch Burgherren.

Ritter zu sein war im Mittelalter ein Beruf.

Alle Menschen konnten Ritter werden.

Ritter beschützten nur reiche Leute.

Eine Blide ist eine Wurfmaschine.

Ein „Kniebuckel" ist ein Teil der Ritterrüstung. /3

3 Fülle die Lücken im Text. Verwende Fachbegriffe.

Um Ritter zu werden, wurden die Jungen mit sieben Jahren zu ________ ausgebildet. Sie unterstützten den Ritter und arbeiteten in der ________ und im ________. Mit 14 Jahren wurden sie zum ________ befördert. Sie begleiteten den Ritter zu ________ und Kämpfen . Dort waren sie verantwortlich für Waffen und Pferde. Die ________ erfolgte mit etwa 21 Jahren. /3

4 Warum wurde bei der Ausbildung zum Pagen viel Wert darauf gelegt, dass die Jungen verschiedene Sportarten trainieren?

____

________ /1

5 Wie heißen diese Waffen eines Ritters? Schreibe ihre Namen dazu.

 ________

 ________ /2

6 **Wie heißt diese Art von Turnier? Verwende den Fachbegriff.**

/1

7 **Wo befanden sich diese Teile der Burg? Schreibe V für Vorburg oder K für Kernburg in die Kästchen.**

- Palas
- Kemenate
- Brunnen
- Stall
- Gesindehäuser
- Bergfried

/3

8 **Welche Teile einer Burg verhinderten, dass Feinde in die Burg eindringen konnten? Nenne drei.**

/3

9 **Nenne zwei Vorteile einer Burg aus Stein gegenüber einer Burg aus Holz.**

/2

10 **Ritter sollten sich vorbildlich verhalten. Nenne vier Rittertugenden.**

/2

11 **Warum musste ein Knappe seinem Ritter bei einem Turnier oft aufs Pferd helfen?**

/1

Von 22 Punkten hast du ______ erreicht.

Erste Hilfe – Auch du kannst helfen!

Erste Hilfe bedeutet, du bist der/die Erste am Unfallort und kannst durch geeignete Sofortmaßnahmen verletzten Personen helfen. Kleinere Verletzungen können auch Kinder richtig versorgen, wenn sie wissen, was zu tun ist.

Verhalten bei einem Unfall

- **Ruhig** bleiben! Begib dich nicht in Gefahr!
- Hole einen **Erwachsenen** oder **rufe** laut: „**Hilfe!**“
- Wähle den **Notruf** und kläre die **W-Fragen**!
- **Kümmere dich** um die verletzte Person (zudecken, dableiben und trösten)!

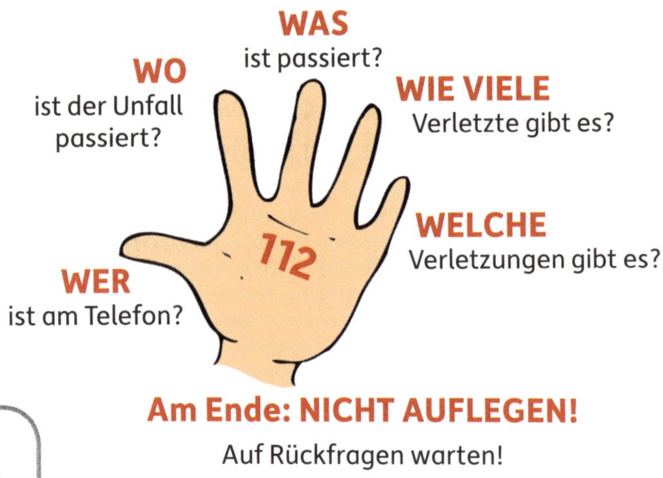

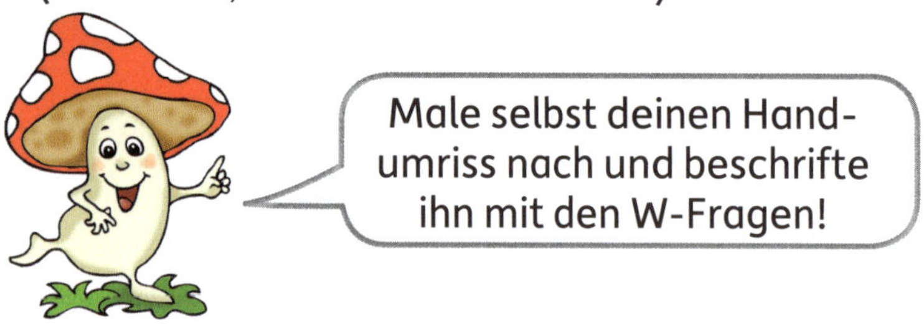

Einen Pflasterverband anlegen

Der Pflasterverband wird bei **kleinen** und **nicht stark blutenden Wunden** angelegt. Damit das Pflaster hält, muss die **Haut um die Wunde trocken** sein.

- **eventuell Einmalhandschuhe** anziehen
- Pflaster je nach Wunde **zuschneiden**
- Schutzfolie abziehen (**ohne** die **Wundauflage** zu **berühren**)
- Pflaster **vorsichtig** aufkleben
- Wunde einem **Erwachsenen** oder einem **Arzt zeigen**

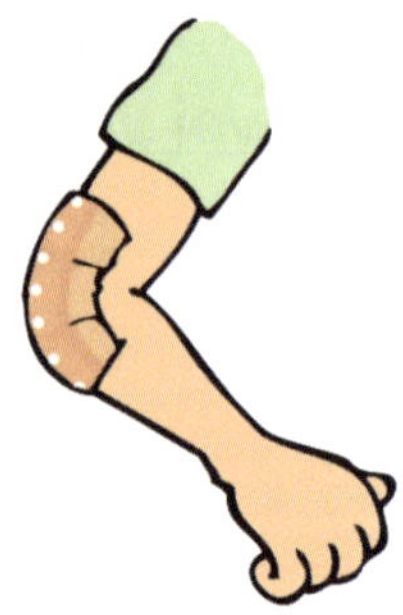

Kühlen und wärmen

einzelne Körperstellen kühlen	
• Insektenstiche • Nasenbluten • Beulen	• Prellungen • Verbrennung (mit lauwarmem Wasser)

den ganzen Körper warm halten	
• viel Blut verloren • Kopf sehr stark gestoßen	• Unterkühlung • Schock

Nasenbluten

- **aufrecht hinsetzen** und **Kopf** nach **vorne** halten
- mit **zwei Fingern** die **Nasenflügel** seitlich leicht **zusammendrücken**
- etwas **Kühles** (Kühlkissen/nasses Tuch) in den **Nacken** legen

Was tue ich bei einem Schock?

Bei einem Schock sammelt der Körper das **Blut in der Körpermitte** und versorgt nur noch die wichtigsten Organe mit Sauerstoff. Das kann zum Beispiel nach einem **Unfall durch hohen Blutverlust** passieren, aber auch durch eine **Allergie** oder **Herzprobleme**.

Daran erkenne ich einen Schock:

- **frieren** und **zittern**
- **Unruhe** und **Angst**
- **blasse** Hautfarbe
- **kalter Schweiß**

Das kann ich tun:

- einen **Erwachsenen** holen/rufen
- der Person gut zureden, sie **beruhigen**
- die Person **warm halten**, zudecken
- etwas zu **trinken** anbieten
- **Schocklage** anwenden

So versorge ich eine Person mit einem Schock:

mit Hilfsmitteln:
Schocklage

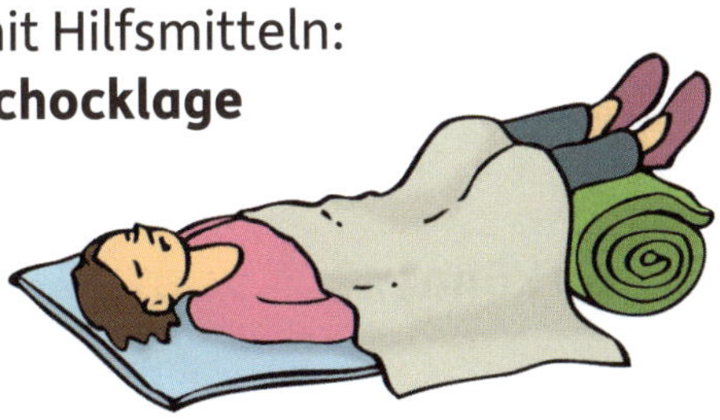

ohne Hilfsmittel:
Beine hochhalten

Stabile Seitenlage für bewusstlose Personen

Die verletzte Person **zuerst anschauen, dann ansprechen** und, falls sie nicht reagiert, **anfassen**.

Eine bewusstlose Person **atmet**, aber
- **antwortet nicht**.
- spürt **keinen Schmerz**.
- ist **nicht kitzelig**.
- kann man **nicht aufwecken**.

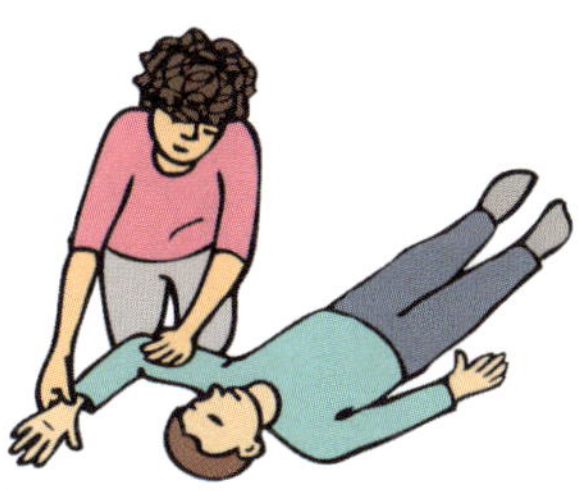	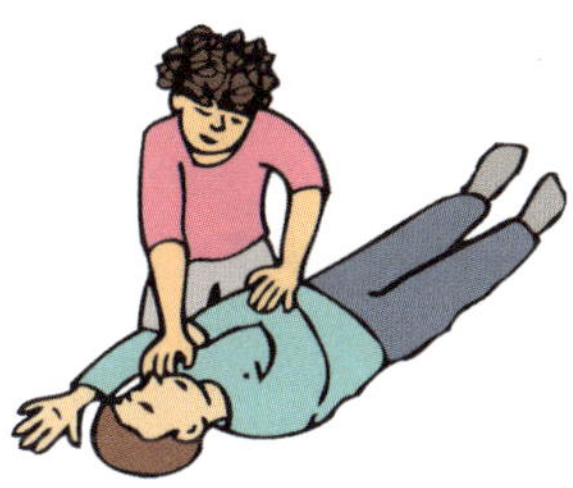	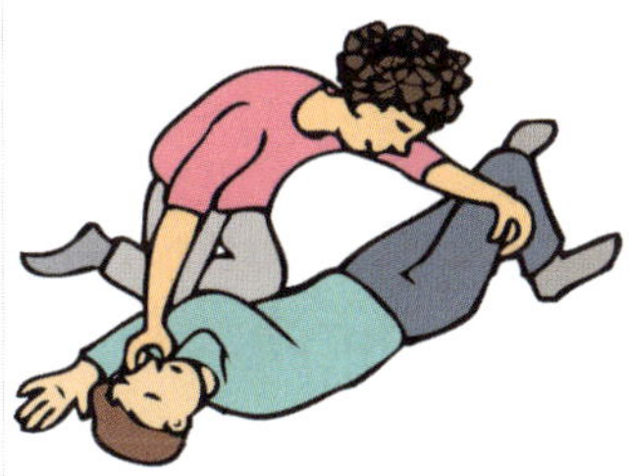	
Bewusstlose Person auf den **Rücken** legen.	Den nahen **Arm nach oben** strecken. Die **Handinnenfläche** zeigt nach oben. Den **anderen Arm über die Brust** legen und **zur Wange** führen.	Das weiter **entfernte Bein** anwinkeln. Die Person **zu sich** hinüber**ziehen**.	Das **Bein** noch **weiter anwinkeln**, damit die Person stabil liegt. **Kopf** leicht nach **hinten strecken** und mit der darunter liegenden **Hand absichern**. Den Mund leicht öffnen. So bleiben die Atemwege frei.

Lege einen Freund oder eine Freundin in die stabile Seitenlage.
Beschreibe laut, was du tust!

Erste Hilfe

1 Was bedeutet der Begriff „Erste Hilfe"? Beschreibe am Beispiel des Fotos genau.

/2

2a Du beobachtest einen Unfall und setzt einen Notruf ab.

Welche Nummer wählst du?

/1

b Welche W-Fragen solltest du der Notfallleitstelle beantworten können?

/5

c Was macht du, nachdem du der Notfallleitstelle alle W-Fragen beantwortet hast? Streiche falsche Sätze durch.

Ich lege sofort auf.
Ich laufe nach Hause.
Ich beantworte Rückfragen.
Auch nach dem Telefonat kümmere ich mich um den Verletzten.

/2

3 Warum tragen die Sanitäter Einmalhandschuhe, wenn sie verletzte Personen versorgen? Kreuze die richtige Antwort an.

- ◯ Um sich und den Verletzten vor ansteckenden Krankheiten zu schützen.
- ◯ Damit sie keine kalten Hände bekommen.
- ◯ Zur Sicherheit, denn die Handschuhe leuchten hell im Dunkeln.

/1

4 Nenne zwei Dinge, die du beachten solltest, wenn du ein Fingerpflaster anlegst. Das Bild hilft dir dabei.

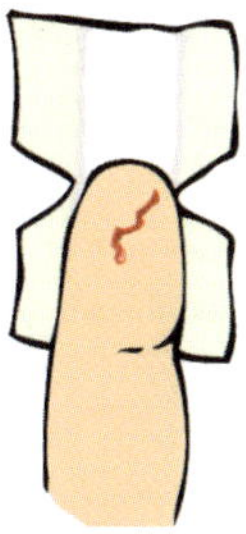

/2

5 Auf dem Fußballplatz wird Maxi von einem Ball mitten ins Gesicht getroffen. Nun hat er Nasenbluten. Kreuze an, was er tun sollte.

- ◯ Kopf in den Nacken legen
- ◯ Nasenflügel leicht zudrücken
- ◯ Nacken kühlen
- ◯ Kopf nach vorne halten
- ◯ auf den Rücken legen
- ◯ Nacken wärmen

/3

6 Nenne vier Merkmale, an denen du erkennst, dass eine Person einen Schock erlitten hat.

/4

7 Wie sollte man mit einer Person umgehen, die einen Schock erlitten hat? Kreuze an: Richtig oder falsch?

	richtig	falsch
Den Notarzt rufen.	◯	◯
Langsam spazieren gehen – Bewegung ist gut.	◯	◯
Mit einer Decke zudecken, um die Person zu wärmen.	◯	◯
Ins Bett bringen, damit sie sich gesund schlafen kann.	◯	◯
Die Beine hoch lagern.	◯	◯

/2,5

8 Hier siehst du drei Personen, die in die stabile Seitenlage gelegt wurden.

A B C

a Nur eine stabile Seitenlage ist richtig ausgeführt. Kreuze den Buchstaben darunter an. ☐ /1

b Was müsstest du tun, damit die stabile Seitenlage bei den anderen Bildern richtig wäre? Beschreibe.

Bild ☐ : ______________________________

____

Bild ☐ : ______________________________

______________________________ ☐ /2

9 Eine verletzte Person sagt: „Nein, ich möchte lieber nicht in die stabile Seitenlage gelegt werden."
Ist die stabile Seitenlage trotzdem sinnvoll? Begründe deine Meinung.

____

____

____

______________________________ ☐ /1,5

Von 27 Punkten hast du ______ erreicht.